KB145051

라즈베리 파이와
슈퍼컴퓨팅

라즈베리 파이와 슈퍼컴퓨팅

병렬 처리 시스템 구축 및 과학 프로그래밍 가이드북

애쉬윈 파얀카 지음　배진호 옮김

i!i
에이콘

| 지은이 소개 |

애쉬윈 파얀카^{Ashwin Pajankar}

프로그래머, 작가, 유튜버로, 인도의 IIT Hyderabad MTech에서 컴퓨터 과학과 공학을 전공했다. 과학, 기술, 공학, 수학의 진흥에 관심을 갖고 있다. 팩트출판사^{Packt Publication}에서 3권, 린펍^{Leanpub}에서 6권, 에이프레스출판사^{Apress Publication}에서 2권의 책을 출간했다. 또한 패킷출판사에서 출간한 4권의 책을 리뷰했다. 이것은 에이프레스출판사에서 출간하는 세 번째 책이며, 현재 몇 권의 책을 더 집필하고 있다.

- 개인 웹 페이지: www.AshwinPajankar.com
- 링크드인 프로필: https://in.linkedin.com/in/ashwinpajankar
- 유튜브 채널: www.youtube.com/AshwinPajankar

| 기술 감수자 소개 |

렌틴 조셉^{Lentin Joseph}

작가, 사업가, 전자 공학자, 로보틱스^{Robotics} 열광자, 머신 비전^{Machine Vision} 전문가, 임베디드 프로그래머, 인도 큐보틱스 랩(Qbotics Labs, http://www.qboticslabs.com)의 창업자 겸 경영자다.

케랄라^{Kerala} 주에 있는 연방 과학 기술 대학^{FISAT, The Federal Institute of Science and Technology}에서 전자 공학과 통신 공학으로 학사 학위를 받았다. 졸업하는 해의 마지막 공학 프로젝트에서 사람들과 상호 작용할 수 있는 로봇을 만들었다. 이 프로젝트는 거대한 성공을 거뒀고, 많은 영상 보도 매체에서 언급됐다. 이 로봇의 주요 특징은 사람들과 의사 소통할 수 있고, 지능적으로 반응하며, 얼굴의 움직임이나 색의 감지와 같은 영상 처리^{Image processing} 능력을 갖고 있다는 것이다. 전체 프로젝트는 파이썬 프로그래밍 언어를 사용해 수행됐다. 로보틱스와 영상 처리, 파이썬에 대한 관심은 이 프로젝트에서 시작됐다.

졸업 후, 3년 동안 로보틱스와 영상 처리 분야의 스타트업에서 일했다. 이 기간 동안 로봇 운영 체제^{ROS, Robot Operating System}, V-REP, Actin(로봇 시뮬레이션 툴)과 같은 로보틱스 소프트웨어 플랫폼과 OpenCV, OpenNI, PCL과 같은 영상 처리 라이브러리를 배웠다. 또한 3차원 로봇 설계와 아두이노^{Arduino}, Tiva 런치 패드 기반의 임베디드 프로그래밍에 대한 지식을 갖고 있다.

직장 생활을 시작한 지 3년 후 큐보틱스 랩이라는 회사를 창업해 주로 로보틱스, 머신 비전과 같은 영역에 속한 제품을 만드는 연구에 집중하고 있다. 개인 웹 페이지

(http://www.lentinjoseph.com)와 테크노랩즈^{Technolabsz}라는 기술 블로그(http://www.technolabsz.com)를 운영하면서 작업물을 기술 블로그에 게재하고 있다. 또한 인도에서 열린 PyCon2013에서 'Learning Robotics using Python'이라는 주제로 발표를 하기도 했다.

『파이썬 로보틱스』(에이콘, 2015)와 『ROS 로보틱스 프로그래밍』(에이콘, 2017), 『ROS Robotics Projects』(Packt, 2017)의 저자다.

첫 번째 책은 ROS와 OpenCV를 이용해 자율 주행 로봇을 만드는 일에 관한 것으로, ICRA 2015에서 소개됐으며, ROS 블로그와 로보허브^{Robohub}, OpenCV, 파이썬 등에 관련된 다양한 포럼에서 다뤄졌다. 두 번째 책은 로봇 운영 시스템을 익히기 위한 것으로, ROS 분야의 베스트셀러 중 하나다. 세 번째 책은 ROS 로보틱스 프로젝트(www.rosrobots.com)에 관한 것으로, 2017년 4월에 출간됐다.

『ROS로 효과적인 로봇 프로그래밍하기』(홍릉과학출판사, 2018)라는 로봇 운영 시스템에 관한 책을 리뷰하기도 했다.

ICRA 2016의 일환으로 실시된 HRATC 2016 챌린지의 수상자기도 하다. ICRA 2015 챌린지, HRATC(www.icra2016.org/conference/challenges/)의 결승 진출자였다.

| 감사의 말 |

이 책을 저술하는 건 제게 큰 기쁨이었습니다. 먼저, 아내 카비타[Kavitha]에게 감사의 말을 전합니다. 그녀의 변함없는 지지와 애정이 없었다면 이 특별한 여행은 불가능했을 것입니다. 여행은 몇 개월에 걸쳐 이뤄졌지만, 경험은 평생 지속될 것입니다.

전문가, 학생, 강사 및 교사의 지속적인 질문은 내가 더 많은 것을 배우고, 학습 및 결과를 단순화하는 데 많은 도움을 줬습니다.

업계 및 학계의 전문가로서 좋은 조언을 해주고 싱글 보드 컴퓨터[SBC, Single Board Computer], 슈퍼컴퓨팅, 병렬 프로그래밍 및 파이썬 분야의 최신 정보를 제공해준 내 친구들과 동료들에게 감사드립니다. 심도 있는 리뷰, 제안, 교정 그리고 전문가 의견을 제공해준 기술 감수자에게도 감사드립니다.

에이프레스출판사의 지원은 매우 만족스러웠습니다. 이 책은 에이프레스출판사에서 저술한 세 번째 책입니다. 에이프레스출판사의 편집 집행부[Editorial Adquisition] 선임 관리자인 셀리스틴 서레시 존[Celestin Suresh John], 스프링거 사이언스[Springer Science] 및 비즈니스 미디어 컴퍼니[Business Media Company]에 감사드립니다. 출판의 전 과정에서 나를 능숙하게 안내해준 편집장[coordinating editor] 산치타 만달[Sanchita Mandal]과 개발 편집자[development editor]인 매튜 무디[Matthew Moodie] 그리고 에이프레스출판사 편집 팀에 감사드립니다.

| 옮긴이 소개 |

배진호(silverbjin@gmail.com)

웨이브엠 책임 연구원으로, 물류 로봇의 자율 주행 애플리케이션과 펌웨어 연구 개발 업무를 담당하고 있다. 서울과학기술대학원에서 기계설계로봇공학 석사 학위, 로스헐맨공과대학^{Rose-hulman Institute of Tech}에서 레이저공학 석사 학위를 받았다. 새로운 것을 배우고, 문제를 해결했을 때의 성취감에 매료돼 공학에 빠져들었다. 역서로는 에이콘출판사에서 출간한 『ROS 로보틱스 프로그래밍』(2017)이 있다.

새로운 개념을 이해하는 가장 효과적인 학습 방법 중 하나는 실습을 통한 구현과 동작 원리의 분석을 통한 이해라고 생각한다. 이 책은 분산 처리와 과학 프로그래밍을 쉽게 실습할 수 있는 가이드북이다. 저가의 라즈베리 파이를 활용해 오픈소스로 분산 처리를 구현하기 때문이다.

개인적으로 분산 처리에 관심을 두게 된 것은 연산 부하에 대한 해결책을 찾으면서부터다. 단일코어로 처리할 수 있는 연산에는 한계가 있을 수밖에 없기 때문에 연산 부하가 큰 프로그래밍을 빨리 처리하는 데는 분산 처리가 그 해결책이다. 하지만 문제는 그의 학습 및 구현에 드는 시간과 돈이다.

가장 간단한 분산 처리를 구현하는 데에도 2개 이상의 클러스터가 필요하다. 비싼 비용을 들여 하드웨어를 준비해도 프로그램 구현은 또 다른 차원의 도전이다. 이 책의 저자는 최근 주목받고 있는 저가의 라즈베리 파이를 클러스터로 활용했다. 소프트웨어 측면에서는 파이썬, MPI, MPI4PY 조합을 활용해 분산 처리를 구현했다. 초보자가 이해하기 쉽고, 사용하기에도 편리하기 때문이다.

또한 라즈베리 파이를 사용해 과학 프로그래밍을 수행한다. 강의와 책을 통해 지루하게 배웠을 수도 있는 선형대수, 행렬 연산, 신호 처리, 영상 처리 등의 개념을 매트랩과 같은 고가의 툴을 사용하지 않고도 공짜로 구현해볼 수 있다는 것은 더 없이 좋은 기회라고 생각한다. 이는 학생뿐 아니라 새롭게 개념을 익힐 필요가 있는 연구자들에게도 많은 도움을 줄 것이다. 이 책에서 다루고 있는 과학프로그래밍 파이썬 라이브러리는 scipy, numpy, matplotlib 등이다.

이 책은 다른 책과 달리 주피터^{Jupyter}라는 고급 웹 기반 툴을 사용한 실습을 소개한다. 주피터는 파이썬뿐 아니라 R과 Julia를 사용해도 인터랙티브^{interactive} 코딩이 가능하다. 또한 분산 처리를 지원하기도 하므로 이 책에서 다뤘던 주제들을 수행해보기 좋은 플랫폼이라고 생각한다.

쉬운 용어를 바탕으로 저술됐기 때문에 관련 분야의 기초 개념만 갖고 있어도 내용을 이해하는 데는 무리가 없을 것이다. 직접 시스템을 구현해보고 그 동작 원리를 파악하면서 분산 처리 및 과학 프로그래밍을 이해하길 바란다.

번역에서 출판까지의 과정을 능숙히 안내해주시고, 꼼꼼한 편집으로 책의 완성도에 기여해주신 에이콘출판사 편집 팀과 도서의 출판에 도움을 주신 김도균 수석님께 감사드린다.

| 차례 |

| 들어가며 |

내가 MTech에서 컴퓨터 과학과 공학 전공으로 대학원 공부를 하던 IIIT Hyderabad의 두 번째 학기에 친구가 "유감이지만, 넌 C로 병렬 프로그래밍을 하고 있구나."라고 말했다. 솔직히 말해 나는 병렬 프로그래밍 과목에서 A 학점을 기대하고 있진 않았다. 하지만 C 학점 역시 기대하지 않았다. 수업을 함께 듣는 대부분의 학생과 마찬가지로 B 학점 혹은 최악의 경우 B- 학점을 예상했다. 이미 말했던 것처럼, 나는 병렬 프로그래밍 과목을 두 번째 학기에 수강했고, 학교의 지루하고 엄격한 학문에 익숙해지고 있었다. 또한 C 학점과 C- 학점을 받는 것에 익숙해지고 있었다. 나는 대학원 공부를 위해 무엇이 필요한지 궁금해지기 시작했다. 최악의 상황이 아직 일어나지 않았다는 것을 그땐 미처 알지 못했다. 정확히 1년 후, 성적표에서 D 학점을 2개나 받았다.

나는 병렬 프로그래밍과 같은 무거운 주제를 학부생과 대학원생에게 더 흥미롭고 호소력 있게 설명하는 방법이 무엇인지 궁금했다. 병렬 프로그래밍 교과목을 담당하는 교수님께서 미 공군이 PS3 클러스터[1]를 만들었다고 말씀하셨던 것을 생생히 기억한다(http://phys.org/news/2010-12-air-playstation-3s-supercomputer.html). 독자들은 위키피디아에서 이 내용을 확인할 수 있다(https://en.wikipedia.org/wiki/PlayStation_3_cluster). 나는 이와 같은 작은 규모의 클러스터를 갖고 싶었다. 하지만 가장 큰 장애물은 컴퓨터 가격이었다. PS3은 250USD, PS2는 100USD였다. 게다가 PS2와 PS3에 리눅스 OS를 설치하는 것은 정말 지루한 작업이다. 플레이스테이션Playstations은 훌륭한 콘솔 게임기지만, 나는 Sony나 PS2/PS3과는 아무런 관련이 없다. 단지 클러스터 구축을 위해 더 싸고 간단한 것을 원할 뿐이었다. 그래서 당분간 클러스터를 구축하려는 계획을 포기하고 학업에 열중했다.

---

1   여러 대의 컴퓨터가 연결돼 하나의 시스템처럼 동작하는 컴퓨터 집합 - 옮긴이

2년 후, 한 무리의 아이들이 이상하게 생긴 인쇄 회로 기판PCB, Printed Circuit Board을 부팅하는 것을 보고 무척 흥분했다. 내가 그들에게 그 물건에 대해 물었을 때, 그들은 "라즈베리 파이Raspberry Pi"라고 대답했다. 이것이 내가 라즈베리 파이를 알게 된 경위다. 그 행사는 영재들을 위해 기획된 해커톤Hackathon이었다. 나는 작은 컴퓨터를 사용하고 있는 아이들을 바라보면서 컴퓨터에 대해 좀 더 알아보기로 결심했고, 6개월 후에 라즈베리 파이에 관한 나의 첫 번째 책이 출간됐다(www.packtpub.com/hardware-and-creative/raspberry-pi-computer-vision-programming).

내 첫 번째 책이 출간된 지 오랜 시간이 지난 후 라즈베리 파이가 개선되고, 다양하고 강력한 모델들이 소개됐다. 나는 정확히 싱글 보드 컴퓨터가 클러스터에 최적이라고 생각했기 때문에 싱글 보드 컴퓨터에 대해 좀 더 상세히 알아봤다. 개념을 증명하기 위해 라즈베리 파이의 세 유닛으로 클러스터를 구축했다. 나는 인도 전역의 다양한 기관, 기술 학교T-Schools, 대학에서 클러스터를 계속 구축하고 있다.

라즈베리 파이는 과학 프로그래밍을 위한 학습 플랫폼으로서의 역할을 한다. 개발자들은 라즈베리 파이를 신호 처리나 영상 처리와 같은 과학 영역의 중요한 개념을 탐구하거나 SymPy를 사용해 심벌릭 연산symbolic computations을 하는 데 사용할 수 있다.

이 책에서는 과학 프로그래밍의 영역을 상세히 탐구한다. 이 책은 과학 프로그래밍 세계의 증명과 탐구를 위해 약 100개의 코딩 예제를 제공한다.

이 책이 과학 커뮤니티와 젊은 연구자들이 새로운 과학 영역을 개척하기 위한 도구로써 라즈베리 파이와 파이썬을 사용하는 데 도움이 되길 바란다.

왜 이 책을 봐야 하는가?

이미 언급했던 것처럼, 나는 병렬 프로그래밍, 과학 프로그래밍과 관련된 주제가 꽤 지루하고 어렵게 느껴졌다. 하지만 병렬 프로그래밍과 과학 프로그래밍은 많은 응용 분야에 접목된 컴퓨터 과학의 영역에서 가장 유용한 주제들이다. 나는 과거와 현재의 직업에서 다양한 업무를 수행하기 위해 일상적으로 다양한 병렬 프로그래밍과 과학 프로그래밍 라이브러리를 사용했다. 나는 더 많은 사람이 이 경이로운 주제에 관심을 갖길 바란다. 하지만 사람들은 내 강의에 불만을 갖고 있었다. 그들은 인터넷에서는 신뢰할 만한 참고 자료가 없기 때문에 라즈베리 파이로 병렬 프로그래밍과 과학 프로그래밍을 하기 어렵다고 이야기한다. 사람들이 라즈베리 파이로 작은 멀티 노드 클러스터를 만들 수 있도록 해주는 튜토리얼과 비디오가 많이 존재하지만, 싱글 보드 컴퓨터의 친숙하지 않은 용어들 때문에 제공되는 정보를 제대로 획득하기 어렵다. 그래서 이 한 권의 책에 라즈베리 파이 설정과 슈퍼컴퓨터의 주제를 결합하기로 결심했다. 이 책은 독자들이 라즈베리 파이 클러스터를 구축하는 방법을 알려준다. 이 책에서 구축할 클러스터는 다양한 과학 업무에서 매우 기초적인 것이다. 이 클러스터는 교육 기관이나 연구 기관에서 활용되기에 적합할 것이다. 또한 이 책에서는 심벌릭 프로그래밍^{Sysbolic Programming}, 과학 프로그래밍, 영상 처리, 신호 처리에 대해 배울 것이다. 이 책이 다루는 범위는 다음과 같다.

- 싱글 보드 컴퓨터, 파이썬, 라즈베리 파이 소개
- 슈퍼컴퓨팅의 기본 개념
- 파이썬에서 병렬 프로그래밍
- 심벌릭 수학 프로그래밍
- 과학 프로그래밍
- 영상 처리
- 신호 처리
- Matplotlib을 이용한 시각화

이 책은 누구를 위한 것인가?

이 책은 라즈베리 파이와 병렬 프로그래밍을 시작하는 사람을 위한 것이다. 사람들은 바로 저비용 슈퍼컴퓨터를 만드는 방법에 관심이 있고, 매우 적은 비용으로 과학 프로그래밍을 시작하고 싶어한다. 하지만 이 책은 컴퓨터 과학의 세계를 완전 처음 접하는 사람을 위한 것이 아니다. 나는 독자가 컴퓨터에 대한 지식을 갖고 있으며,

이와 관련된 대부분의 근본 개념들을 처음 접하는 것이 아니라고 가정한다. 이 책은 컴퓨터를 좋아하고, 컴퓨터 과학을 좀 더 탐구하는 데 필요한 강력한 툴에 대해 배우길 원하는 학생과 이와 같은 취미를 가진 사람을 위한 것이다. 메이커와 해커 역시 이 책이 흥미롭다고 여길 것이다. 마지막으로 독자가 왜 이 책을 읽는지 모른다면, 아마도 라즈베리 파이, 슈퍼컴퓨터, 과학 프로그래밍, 병렬 프로그래밍에 관심이 있을 것이다. 난 모든 독자가 내가 이 책을 집필하는 것을 즐겼던 것처럼 이 책을 즐기며 읽기 바란다.

이 책에서 다루지 않는 내용

이 책은 파이썬 3 프로그래밍과 스크래치 문법을 배우기 위한 것이 아니다. 이 책은 라즈베리 파이, 과학 프로그래밍, 슈퍼컴퓨팅을 위한 DIY 쿡북^{cookbook}이다. 코딩에 대한 이해가 부족하거나 컴퓨터 과학 배경 지식이 부족하다면, 이 책을 따라하는 데 어려움을 겪을 것이다.

이 책의 구성

이 책은 14장으로 구성돼 있다.

1장, '싱글 보드 컴퓨터와 라즈베리 파이 소개'에서는 싱글 보드 컴퓨터의 역사와 철학을 소개한다. 또한 라즈베리 파이의 기초를 알아보고, 라즈베리 파이를 설치하는 방법과 하나의 네트워크로 연결하는 방법을 소개한다.

2장, '중요한 리눅스 명령어와 원격 연결'에서는 중요한 리눅스 명령어를 소개한다. 또한 라즈베리 파이로 원격 연결을 구축하기 위한 절차를 상세히 설명한다.

3장, '파이썬 소개'에서는 파이썬 역사와 철학을 소개하고, 파이썬 2와 파이썬 3 사이의 차이를 논의하며, 파이썬 3 인터프리터의 다양한 모드를 알아본다.

4장, '슈퍼컴퓨팅의 개요'에서는 슈퍼컴퓨팅의 개념을 소개한다.

5장, '메시지 전달 인터페이스'에서는 MPI4PY를 라즈베리 파이에 설치하는 방법을 시연한다.

6장, '**슈퍼컴퓨터 구축**'에서는 멀티 파이로 슈퍼컴퓨팅을 구축하는 방법을 소개한다.

7장, '**라즈베리 파이 오버클럭킹**'에서는 안전하게 파이의 다양한 모델을 오버클럭하는 방법을 소개한다.

8장, '**파이썬 3에서 병렬 프로그래밍**'에서는 파이썬 3으로 MPI4PY 프로그래밍하는 방법을 소개한다. 또한 병렬 프로그래밍의 중요한 개념들과 구조들을 알아본다.

9장, '**SciPy 스택과 심벌릭 프로그래밍 소개**'에서는 SciPy 스택의 구성 요소들을 소개한다. 또한 SymPy를 이용해 심벌릭 프로그래밍symbolic programming하는 방법을 알아본다.

10장, '**NumPy 소개**'에서는 Numpy를 이용한 수치 연산의 세계를 소개한다.

11장, '**SciPy 소개**'에서는 SciPy 라이브러리의 다양한 모듈을 소개한다.

12장, '**SciPy를 활용한 신호 처리**'에서는 시각적으로 신호와 신호 처리의 놀라운 세계를 탐험한다.

13장, '**SciPy를 활용한 처리**'에서는 영상 처리의 기초를 알아본다.

14장, '**Matplotlib리**'에서는 파이썬의 Matplotlib로 데이터 시각화에 대한 짧은 소개를 제공한다.

이 책을 최대한 활용하는 방법

내용을 쉽게 이용하려면 다음과 같은 절차를 따르는 것이 좋다.

- 모든 장을 전체적으로 읽는다. 어떤 장도 건너뛰지 않는다. 코드 예제의 안내를 따라 순서대로 코드를 작성한다. 어떤 예제도 건너뛰지 않는다. 필요하다면 두 번 반복하거나 개념을 완전히 이해할 때까지 반복하라.
- 파이썬 커뮤니티나 디스커션 포럼에 가입하라.
- MPI4PY, NumPy, SciPy에 관련된 온라인 문서를 읽으라.
- 싱글 보드 컴퓨터, 라즈베리 파이, 슈퍼컴퓨터, 병렬 프로그래밍, 과학 프로

그래밍, 파이썬 3에 관한 블로그에 방문하라.

다음 단계

나는 라즈베리 파이 커뮤티니의 도움으로 파이썬 3의 슈퍼컴퓨팅과 과학 라이브러리의 성능을 충분히 활용했다. 나는 당신이 이 책의 어떤 장, 내용, 코드 예제, 노트, 참조, 연습 문제도 건너뛰지 않고 정독하길 추천한다.

강사를 위한 전언

나는 이 책의 장의 순서와 각 장에서의 주제 흐름에 집중했다. 이는 특히 동료 교원과 학자들이 책의 목차를 보고 교육 과정을 설계하는 데 도움을 준다.

나는 이 책에서 논의된 각 장이 당신이 학생들을 더 잘 가르치고 충분한 실무 연습을 제공하는 데 도움을 주는 적절한 실무 내용이라는 것을 확신한다.

슈퍼컴퓨팅, 과학 프로그래밍, 파이썬을 즐겁게 배우길 바란다.

오탈자

책 내용의 정확성에 만전을 기하지만 실수는 늘 생기는 법이다. 책을 읽다가 문장이나 소스 코드에서 실수가 발견되면 즉시 알려주길 바란다. 한국어판 정오표는 에이콘출판사의 도서 정보 페이지 http://www.acornpub.co.kr/book/raspberrypi-super-computing에서 찾아볼 수 있다.

질문

이 책에 관한 질문은 옮긴이나 에이콘출판사 편집 팀(editor@acornpub.co.kr)로 문의해주길 바란다.

1장

싱글 보드 컴퓨터와
라즈베리 파이 소개

이제 **라즈베리 파이**를 이용한 **슈퍼컴퓨팅과 과학 프로그래밍**의 영역으로 흥분되는 여정을 시작할 것이다. 하지만 이 여정을 시작하기 위해서는 **싱글 보드 컴퓨터**(이하 SBC)의 기초 용어들에 익숙해야 한다. 1장에서는 SBC의 정의, 역사, 철학에 관해 논의할 것이다. 우선 SBC와 일반 컴퓨터를 비교할 것이다. 이후 가장 인기 있고, 많이 판매되는 SBC인 라즈베리 파이에 관한 내용으로 넘어갈 것이다. 1장의 마지막 부분에 이르면 라즈베리 파이를 설정하기 위한 지식을 얻게 될 것이다. 1장의 목적은 독자가 SBC의 기본 개념들에 익숙해지도록 하는 것과 라즈베리 파이를 스스로 설정할 수 있게 하는 것이다.

█ 싱글 보드 컴퓨터

SBC는 기능을 구현하기 위해 인쇄 회로 기판$^{PCB, Printed Circuit Board}$ 위에 내장한 완전한 컴퓨터 시스템이다. SBC는 마이크로프로세서, 메모리, 입출력 기능을 구현하기 위한 최소 컴퓨터 요구 사항을 포함한다. 대부분의 SBC는 데스크톱 PC와 달리, 주변 기기나 기능을 확장하기 위한 슬롯을 포함하고 있지 않다. 프로세서, 램, GPU 등과 같은 요소들은 싱글 PCB에 통합돼 SBC를 업그레이드할 수 없다.

시스템 확장을 위해 일부 SBC만이 기판 후면^{backplane}에 장착된다. SBC의 종류, 크기, 모양, 형태 요소$^{form factors}$, 특징은 다양하다. SBC의 가격은 전자 공학과 반도체 기술의 발전 덕분에 매우 저렴해졌다. SBC의 가장 중요한 특징 중 하나는 가격 효율성이다. 개발자들은 50달러대의 가격으로 새로운 애플리케이션, 해킹, 디버깅, 테스팅, 하드웨어 개발과 자동 시스템을 위한 커스텀 개발 툴을 가질 수 있다. SBC는 주로 다음과 같은 형태 요소로 제작된다.

- Pico-ITX
- PXI
- Qseven
- VMEbus
- VPX
- VXI
- AdvancedTCA
- CompactPCI
- Embedded Compact Extended(ECX)
- Mini-ITX
- PC/104
- PICMG

SBC와 범용 컴퓨터의 차이

표 1-1은 SBC와 범용 컴퓨터의 차이에 관련된 내용이다.

표 1-1 SBC와 범용 컴퓨터의 차이

SBC	범용 컴퓨터
모듈 구성이 아님.	모듈 구성
하드웨어 구성 요소의 업그레이드 및 대체 불가	하드웨어 구성 요소 업그레이드 및 대체 가능
시스템 온 칩SoC, System-On-Chip	시스템 온 칩 아님.
작은 모양	큰 모양
휴대성	휴대 불가 혹은 반휴대성semi-potable
낮은 전력 소모	많은 전력 소모
저렴한 비용	높은 비용

시스템 온 칩

모든 SBC는 대개 시스템 온 칩(이하 SoC)이다. 시스템 온 칩은 컴퓨터의 모든 요소가 단일 칩에 존재하는 집적 회로IC, integrated circuit로서 소비 전력이 적고 다재다능하며 매우 보편적인 모바일 전자 장치다. SoC는 동작에 필요한 모든 하드웨어와 소프트웨어를 포함한다.

SoC 대 범용 CPU

SoC를 사용하는 가장 큰 장점은 '크기'다. CPU를 사용한다면, 준비해야 할 개별 칩과 구성 요소의 수가 매우 많기 때문에 소형 컴퓨터를 만들기가 매우 어려울 것이다. 하지만 SoC를 사용하면 스마트폰 및 태블릿에 완벽한 애플리케이션별 컴퓨팅 시스템을 배치할 수 있으며, 원격 전화 및 데이터 통신에 필요한 배터리, 안테나 및 기타 추가 장치를 위한 공간을 충분히 확보할 수 있다.

SoC는 집적도가 매우 높고, 소형이라는 점 때문에 범용 CPU에 비해 상당히 적은 전력을 사용한다. 이것이 바로 SoC를 모바일과 포터블 시스템에 적용하게 만든 중요한 장점이다. 또한 컴퓨터 보드에서 불필요한 집적 회로를 제거함으로써 줄어든 칩의 수는 보드 크기를 작게 만드느 데 기여했다.

SBC의 역사

다이나 마이크로^{Dyna-Micro}는 최초의 SBC였다. 다이나 마이크로는 Intel C8080A 기반이었고, 인텔 최초의 EPROM인 C1702A를 사용했다. 다이나 마이크로는 1976년에 Derby, CT의 E&L Instruments에 의해 MMD-1^{Mini-Micro Designer-1}이라는 명칭으로 바뀌어 판매됐다. MMD-1은 마이크로 컴퓨터를 선도하는 제품으로 유명해졌다. SBC는 많은 홈 컴퓨터가 SBC였던 컴퓨터 역사의 초창기에 매우 인기 있었다. 하지만 SBC의 인기는 범용 PC의 시대의 도래와 함께 하락했다. 그리고 2010년 이래 낮은 생산 비용으로 SBC의 인기가 재기됐다. MMD-1 외에 몇 가지 대중적인 SBC는 다음과 같다.

- BBC Micro는 2MHz로 작동하는 MOS Technology 6502A 프로세서에 내장됐다.
- Ferguson Big Board II는 4MHz로 작동하는 컴퓨터 기반의 Zilog Z80이다.
- Nascom은 컴퓨터에 기반을 둔 다른 종류의 Zilog Z80이다.

대중적인 SBC 계열

SBC는 제조사와 개발자에 따라 계열, 모델, 세대로 구분된다. 몇 가지 SBC 계열은 다음과 같다.

- 라즈베리 파이 재단의 라즈베리 파이^{Raspberry Pi}
- 바나나 파이^{Banana Pi}와 바나나 프로^{Banana Pro}
- 인텔 에디슨^{Intel Edison}과 갈릴레오^{Galileo}

- 큐비보드^{Cubieboard}
- 비글본^{Beaglebone}과 비글보드^{Beagleboard}

▌ 라즈베리 파이

라즈베리 파이는 영국의 라즈베리 파이 재단^{Raspberry Pi Foundation}에서 개발된 신용 카드 크기의 SBC 계열이다. 라즈베리 파이 재단은 2009년에 설립됐다. 라즈베리 파이의 개발 목적은 학교와 개발 도상국에 저가의 컴퓨터 플랫폼을 제공함으로써 기초 컴퓨터 과학 교육을 증진시키는 것이었다.

라즈베리 파이 재단의 라즈베리 파이는 2012년에 배포됐다. 라즈베리 파이는 2년 동안 200만 개 이상이 판매된 히트 상품이 됐다. 이후 라즈베리 파이 재단은 라즈베리 파이의 버전을 고안했고, 파이를 위한 액세서리를 판매했다. 라즈베리 파이 재단에 관한 더 많은 정보는 웹 사이트(www.raspberrypi.org)에서 찾을 수 있다.

라즈베리 파이의 최신 버전 모델과 다른 종류의 액세서리를 위한 제품 페이지는 www.raspberrypi.org/products다.

필자는 이 책에 등장하는 모든 코드 예제를 라즈베리 파이 모델 B+, 2B, 3B에서 테스트했다. 라즈베리 파이 3 모델 B(3B로도 테스트함)가 최신 버전의 라즈베리 파이이다. 표 1-2는 라즈베리 파이 3 모델 B의 재원이다.

표 1-2 라즈베리 파이 3 모델 B의 재원

배포 시기	2016년 2월
아키텍처	ARMv8
SoC Broadcom	BCM2837
CPU	1.2GHz 64비트 쿼드코어 ARM Cortex-A53

GPU	Broadcom VideoCore IV(3D part of GPU @ 300MHz, video part of GPU @ 400MHz)
메모리	1GB(shared with GPU)
USB	2.0ports 4
비디오 출력	HDMI rev 1.3 and Composite Video RCA jack
내장 저장 장치	Micro SDHC slot
내장 네트워크	10/100Mbps 이더넷, 블루투스, 와이파이
전원	5V via MicroUSB
소비 전력	800mA(4W)

그림 1-1은 라즈베리 파이 3 모델 B의 평면도다.

그림 1-1 라즈베리 파이 3 모델 B 평면도

그림 1-2는 라즈베리 파이 3 모델 B의 정면도다.

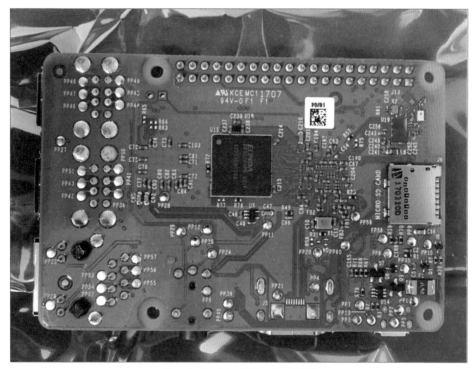

그림 1-2 라즈베리 파이 3 모델 B의 정면도

제품 페이지를 방문하면 라즈베리 파이 3 모델 B에 관한 더 많은 정보를 얻을 수 있다(www.raspberrypi.org/products/raspberry-pi-3-model-b). 표 1-3은 라즈베리 파이 2 모델 B의 재원이다.

표 1-3 라즈베리 파이 2 모델 B의 재원

배포 시기	2015년 2월
아키텍처	ARMv7
SoC Broadcom	BCM2836
CPU	900MHz 32비트 쿼드코어 ARM Cortex-A7
GPU	Broadcom VideoCore IV @ 250MHz

메모리	1GB(shared with GPU)
USB	2.0ports 4
비디오 출력	HDMI rev 1.3 및 Composite Video RCA jack
내장 저장 장치	Micro SDHC slot
내장 네트워크	10/100Mbps 이더넷, 블루투스, 와이파이
전원	5V via MicroUSB
소비 전력	800mA(4W)

제품 페이지를 방문하면 라즈베리 파이 2 모델 B에 관한 더 많은 정보를 얻을 수 있
다(www.raspberrypi.org/products/raspberry-pi-2-model-b/). 표 1-4는 라즈베리
파이 1 모델 B+의 재원이다.

표 1-4 라즈베리 파이 1 모델 B+의 재원

배포 시기	2014년 7월
아키텍처	ARMv6
SoC Broadcom	BCM2835
CPU	700MHz single-core ARM1176JZF-S
GPU	Broadcom VideoCore IV @ 250MHz
메모리	512MB(shared with GPU)
USB	2.0ports 4
비디오 출력	HDMI rev 1.3 및 Composite Video RCA jack
내장 저장 장치	Micro SDHC slot
내장 네트워크	10/100Mbps 이더넷, 블루투스, 와이파이
전원	5V via MicroUSB
소비 전력	800mA(4W)

제품 페이지를 방문하면 라즈베리 파이 1 모델 B+에 관한 더 많은 정보를 얻을 수
있다(www.raspberrypi.org/products/model-b-plus/).

▌ 라즈베리 파이 설정

라즈베리 파이로의 여정을 위해서는 환경을 설정해야 한다. 라즈베리 파이의 설정을 구체적으로 알아보자. 이미 언급했던 것처럼 이 책에서는 라즈베리 파이 3 모델 B를 사용해 설정한다. 설정 절차는 정확히 라즈베리 파이 2 모델 B와 라즈베리 파이 1 모델 B+의 절차와 동일하다. 설정에 필요한 하드웨어 리스트를 살펴보자.

라즈베리 파이 설정을 위해 필요한 하드웨어

하드웨어 설정을 위해서는 다음이 필요하다.

라즈베리 파이

환경을 설정하기 위해서는 라즈베리 파이 3 모델 B, 라즈베리 파이 2 모델 B, 라즈베리 파이 1 모델 B+ 중 하나가 필요하다.

컴퓨터

인터넷에 연결된 윈도우 컴퓨터나 랩톱 컴퓨터가 필요하다. 컴퓨터가 필요한 이유는 파이 구동에 필요한 라즈비안Raspbian OS 이미지가 저장된 MicroSD 카드를 준비하기 위해서다.

I/O 장치

표준 USB 키보드와 USB 마우스가 필요하다.

MicroSD 카드

8GB 이상의 저장 용량을 가진 MicroSD 카드(그림 1-3)가 필요하다. 이 책에서는 카드를 보조 저장 용도로 사용할 것이다. 전송 속도가 우수한 Class 10의 카드가 좋다. 나는 8GB 카드를 추천했지만, 16GB 카드를 선택하는 것이 대부분의 경우에 적절하다.

그림 1-3 Class 10 microSD 카드(www.flickr.com/photos/ssoosay/)

 Note

카드를 구매하기 전에 http://elinux.org/RPi_SD_cards를 방문해 라즈베리 파이에 필요
한 카드 용량을 확인하라.

전원

모든 라즈베리 파이 모델은 5V Micro USB 파워 공급 유닛^{PSU: Power Supply Unit}이 필요
하다. 라즈베리 파이 3 모델 B의 PSU가 필요한 전류는 2.5Amp다. 다른 종류의 모
델들은 2Amp PSU면 충분하다. 라즈베리 파이 공식 전원은 홈페이지에서 알아볼 수
있다(https://thepihut.com/ products/official-raspberry-pi-universal-power-supply).

SD/microSD 카드 리더기

카드 리더기가 필요하다. 대부분의 랩톱 컴퓨터는 SD 카드 리더기를 내장하고 있다.
랩톱 컴퓨터 카드 리더기가 SD 카드에서만 작동하는 경우, 추가 microSD-to-SD
카드 어댑터가 필요하다. 그림 1-4는 어댑터의 모습이다.

그림 1-4 카드 리더기와 microSD–toSD 어댑터(www.flickr.com/photos/sparkfun/)

모니터

HDMI 모니터와 VGA 모니터가 필요하다. HDMI 모니터를 사용하려면 HDMI 케이블(그림 1-5)이 필요하다. HDMI 케이블은 대개 HDMI 모니터에 포함돼 있다.

그림 1-5 HDMI male–to–male 케이블(www.flickr.com/photos/sparkfun/)

VGA 모니터를 사용하려면, VGA 케이블(그림 1-6)이 필요하다. 이 역시 VGA 모니터에 포함돼 있다.

그림 1-6 VGA 케이블(www.flickr.com/photos/124242273@N07/)

VGA 모니터를 사용한다면 HDMI-to-VGA 어댑터(그림 1-7)가 추가로 필요하다. 라즈베리 파이가 HDMI 포트만을 지원하기 때문이다.

그림 1-7 HDMI-to-VGA 어댑터(www.flickr.com/photos/sparkfun/)

라즈베리 파이를 위해 MicroSD 카드 준비

SBC용 MicroSD 카드에 OS를 설치하는 가장 좋은 방법은 파이를 위해 MicroSD 카드를 준비하는 것이다. 많은 사용자가 이 방법을 선호한다. 이 방법은 필요에 따라 부팅 전 MicroSD의 내용을 수동으로 수정할 수 있도록 해주기 때문이다. MicroSD를 준비하는 그 외의 방법은 (이 책에서는 다루지 않지만) NOOBS^{New Out Of the Box Software}를 이용하는 것이다.

MicroSD를 준비하는 방법은 부팅 전에 /boot/config.txt와 같은 구성 파일에 접근할 수 있도록 하는 것이다. 어떤 경우 파이를 부팅하기 전에 구성 파일을 수정해야 할 수도 있다. 기본 라즈비안 이미지는 boot와 system의 두 부분으로 구성돼 있다. 추후 파이의 OS 업그레이드를 위해 적어도 16GB의 MicroSD 카드를 사용하길 바란다.

필요한 무료 소프트웨어의 다운로드

필요한 소프트웨어를 다운로드하자.

액셀러레이터 플러스의 다운로드

다운로드 페이지(www.speedbit.com/dap/download/downloading.asp)에서 **액셀러레이터 플러스**^{Accelerator Plus}**를 다운로드하라**. 이 프리웨어는 다운로드를 관리한다. 대용량의 다운로드에서 다운로드를 일시 정지하거나 재개할 수 있기 때문에 유용하다. 컴퓨터가 갑자기 셧다운되거나 인터넷이 인터럽트되면 액셀러레이터 플러스는 지난 체크포인트로부터 다운로드를 재개한다.

Win32DiskImager

다운로드 페이지(https://sourceforge.net/projects/win32diskimager/files/latest/download)에서 **Win32DiskImager**를 다운로드해 설치하자.

WinZip 혹은 WinRAR

파일 압축을 풀기 위한 유틸리티가 필요하다. WinZip(http://www.winzip.com/win/en/index.htm)이나 WinRAR(http://www.win-rar.com/download.html)를 다운로드한 후 둘 중 하나를 설치하자.

라즈비안 OS 이미지의 다운로드와 압축 해제

이 책에서는 파이의 구동을 위해 라즈비안 OS를 사용한다. 라즈비안은 1장의 뒷부분에서 다룰 것이다. 지금은 www.raspberrypi.org/downloads/raspbian에서 라즈비안 OS 이미지의 최신 zip 파일을 다운로드하라. Winzip이나 WinRAR를 사용해 이미지 zip 파일의 압축을 풀라.

라즈비안 OS를 MicroSD 카드에 쓰기

MicroSD를 카드 리더기에 삽입하라. 데스크톱이나 랩톱 컴퓨터에 카드 리더기가 존재한다면 그곳에 삽입하라. 카드 리더기나 컴퓨터가 SD 카드를 위한 슬롯만을 지원한다면, microSD-to-SD 카드 어댑터가 필요할지도 모른다.

Win32DiskImager를 열라. 이미지 파일의 위치를 선택한 후 write 버튼을 클릭하라. 그림 1-8과 같은 화면을 볼 수 있을 것이다.

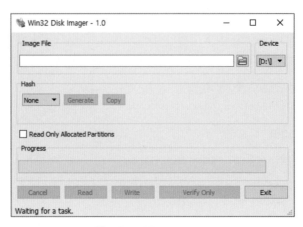

그림 1-8 Win32 Disk Imager

그림 1-9와 같은 경고 메시지가 나타나면, 카드 리더기나 SD 카드 어댑터의 쓰기 방지 노치를 토글하라. 그 후, write 버튼을 다시 클릭하라.

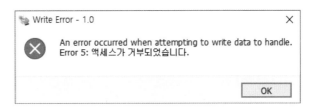

그림 1-9 쓰기 방지 에러 메시지

그림 1-10과 같은 경고 메시지가 나타날 것이다. Yes를 클릭하라.

그림 1-10 덮어쓰기 경고 메시지

일단 OS 이미지를 SD 카드에 쓰면, 그림 1-11과 같은 메시지가 나타날 것이다. OK 버튼을 클릭하라.

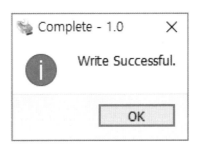

그림 1-11 쓰기 성공 메시지

라즈비안 OS가 microSD 카드에 플래시^{flash}됐다.

VGA 모니터를 사용하는 경우, config.txt의 내용 변경

> 이 단계는 독자가 VGA 모니터를 사용하는 경우에만 해당한다. HDMI 모니터를 사용하
> 는 경우에는 이 단계를 건너뛰길 바란다.

VGA 출력에는 HTMI-to-VGA 케이블을 사용해야 한다. VGA 모니터에서 동작하는
파이를 위해서는 1장의 후반에 등장하는 config.txt의 내용을 변경해야 한다.

MicroSD 카드를 카드 리더기에 다시 삽입하고, **윈도우 익스플로러**에서 MicroSD 카드
파일을 열라. **윈도우 익스플로러**에서 MicroSD 카드는 boot로 레이블^{label}된 이동식 미
디어 드라이브로 표시될 것이다.

Config.txt를 연 후 파일에서 다음 사항들을 변경하라.

- #disable_overscan=1을 disable_overscan=1로 변경하라.
- #hdmi_force_hotplug=1을 hdmi_force_hotplug=1로 변경하라.
- #hdmi_group=1을 hdmi_group=2로 변경하라.
- #hdmi_mode=1을 hdmi_mode=16으로 변경하라.
- #hdmi_drive=2를 hdmi_drive=2로 변경하라.
- #config_hdmi_boost=4를 config_hdmi_boost=4로 변경하라.

변경 한 후, 파일을 저장하라. MicroSD 카드는 이제 파이와 VGA 모니터 사용을 위
한 준비가 됐다.

파이 부팅

준비된 MicroSD로 파이를 부팅하자. 부팅을 위한 단계는 다음과 같다.

1. HDMI 모니터를 사용한다면 HDMI male-to-male 케이블을 사용해 모니터를 파이의 HDMI 포트에 직접 연결하고, VGA 모니터를 사용한다면 HDMI 신호의 VGA로 변환하기 위해 HDMI-to-VGA 어댑터를 사용하라.

2. MicroSD 카드를 파이의 MicroSD 카드 슬롯에 삽입하라.

3. USB 마우스와 키보드를 연결하라.

4. 이 단계에서 전원은 off돼 있어야 한다. USB 전원 케이블을 사용해 파이를 전원에 연결하라.

5. 모니터를 전원에 연결하라.

6. 모든 연결 상태를 점검하라. 파이와 모니터의 전원 공급 스위치를 on하라. 라즈베리 파이는 이 단계에서 부팅된다.

싱글 코어 프로세서를 가진 모든 모델의 라즈베리 파이 부트 화면은 그림 1-12와 같다.

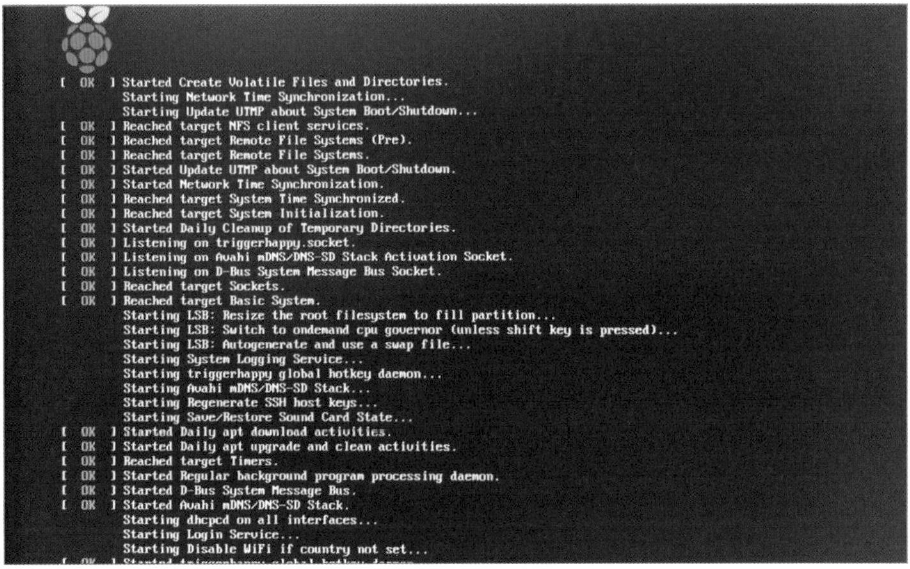

그림 1-12 싱글 코어 CPU 라즈베리 파이 모델 부트 화면

쿼드코어 프로세서를 가진 모든 모델의 라즈베리 파이 부트 화면은 그림 1-13과 같다.

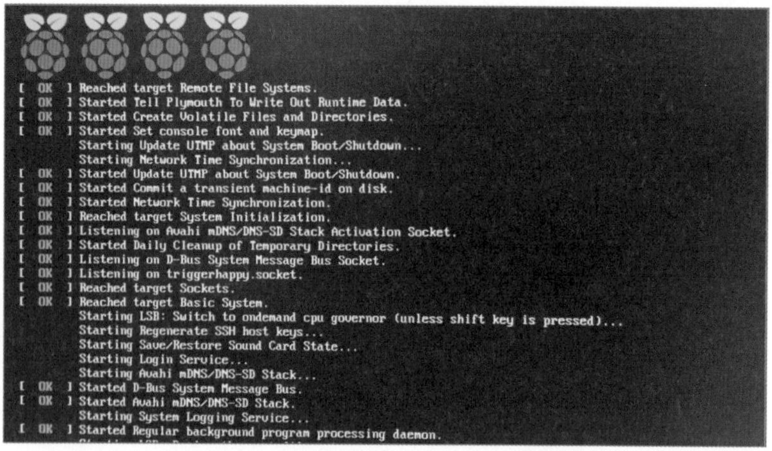

그림 1-13 쿼드코어 CPU 라즈베리 파이 모델 부트 화면

일단 파이가 부팅되면 모니터는 다음과 같은 데스크톱을 표시한다.

그림 1-14 라즈비안 데스트톱(2017년 2월 현재)

파이의 환경 설정

이제 파이의 사용 환경을 설정할 필요가 있다. 함께 해보자.

데스크톱에 태스크바가 존재한다. 태스크바에서 그림 1-15와 같은 아이콘을 볼 수 있다.

그림 1-15 LXTerminal 아이콘

아이콘을 클릭하면 LXTerminal 창(그림 1-16)이 열린다.

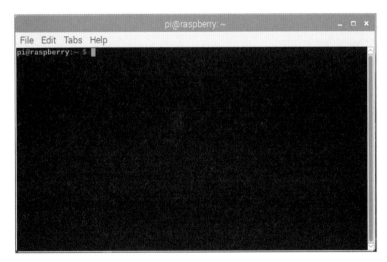

그림 1-16 LXTerminal 창

터미널은 어떤 의존성도 없으며 LXDE용 터미널 에뮬레이터 기반의 독립적인 VTE
다. 프롬프트에 sudo raspi-config를 쓰고 Enter를 누르라. raspi-config는 라즈베
리 파이를 위한 환경 설정 툴이다.

Boot Options를 탐색하라. 그림 1-17에 하이라이트돼 있다.

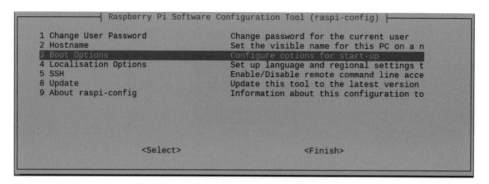

그림 1-17 하이라이트된 부트 옵션의 raspi-config

부트 옵션 내의 Desktop/CLI Option을 선택해 그림 1-18에서와 같이 Desktop
Autologin으로 설정하라.

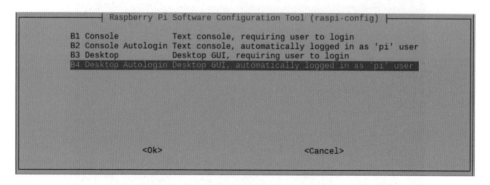

그림 1-18 하이라이트된 Desktop Autologin

Localisation Options에서 타임존과 와이파이 국가를 변경하라(그림 1-19). 키보드 레

이아웃을 US로 변경하라.

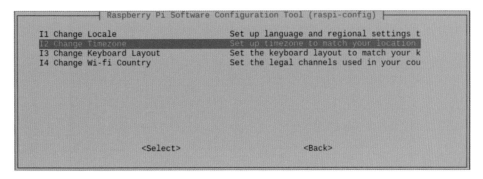

그림 1-19 raspi-config Localisation Options

변경이 완료되면, 메인 화면으로 되돌아가서 그림 1-20에서 보이는 Finish를 선택하라.[2]

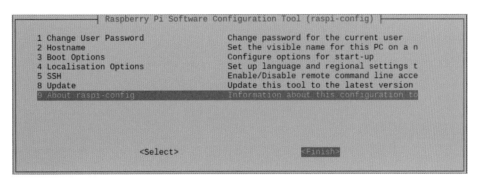

그림 1-20 Finish

재부팅을 요청할 것이다(그림 1-21). Yes를 선택하라.

---

2   타임존의 경우에는 Asia → Seoul 선택, 와이파이 국가의 경우에는 KR Korea(South)를 선택하는 것이 원칙이지만, 이 때문에 네트워크 설정에서 error가 발생하는 경우가 종종 보고되므로 초기에는 변경하지 않는 것이 좋다. 키보드 레이아웃의 경우에는 Generic 105-key (intl) PC → other → English(US)를 선택하길 바란다. – 옮긴이

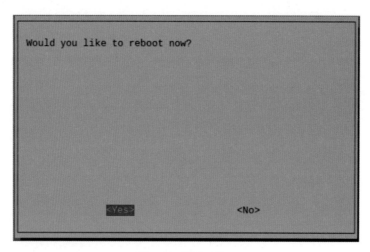

그림 1-21 재부팅 프롬프트

파이를 재부팅할 것이다.

작업이 아직 완료되지 않았다. 파이를 인터넷에 연결하고 업데이트하는 방법을 배울 필요가 있다.

▌ 라즈비안

운영 시스템은 컴퓨터를 동작시키는 기본 프로그램과 유틸리티의 세트다. 운영 시스템은 유저와 컴퓨터 사이의 인터페이스다. **라즈비안**은 대중적인 리눅스 배포 판인 **데비안**에 기반을 둔 무료 운영 시스템이다. 라즈비안은 라즈베리 파이 계열의 SBC에 최적화됐다. 라즈비안은 심지어 **바나나 프로**와 같은 SBC에도 포트port된다.

라즈비안은 라즈베리 파이의 쉬운 설치와 사용을 위해 3만 5,000개 이상의 패키지 와 사전 컴파일된 소프트웨어 묶음을 포함한다. 첫 번째 라즈비안 빌드는 2012년 6 월에 완료됐다. 라즈비안은 여전히 개발 중이며, 자주 업데이트된다. 라즈비안에 관한 정보를 더 얻기 위해서는 라즈비안 홈페이지(www.raspbian.org)에 방문해 라즈비안 문서 페이지(www.raspbian.org/RaspbianDocumentation)를 확인하라.

config.txt

라즈베리 파이는 전통적인 BIOS^{Basic Input/Output System}를 갖지 않는다. BIOS는 컴퓨터 전원 on 이후, 컴퓨터 마이크로 프로세서가 컴퓨터 시스템을 시작하고 OS를 메모리에 로드하는 데 이용하는 프로그램이다. 또한 BIOS는 컴퓨터 OS와 컴퓨터에 부착된 주변 장치 사이의 데이터 흐름을 관리한다. 주변 장치의 종류로는 하드 디스크, 비디오 어댑터, 키보드, 마우스, 프린터를 들 수 있다.

라즈베리 파이는 BIOS를 갖고 있지 않기 때문에 BIOS를 사용해 저장되고 수정되던 다양한 시스템 환경 변수들이 config.txt라는 텍스트 파일에 저장된다.

config.txt 파일은 라즈베리 파이의 boot 파티션에 존재한다. config.txt 파일은 리눅스에서 /boot/config.txt로 접근할 수 있다. 하지만 윈도우와 macOS에서는 MicroSD 카드로 접근할 수 있는 파일이다. 카드로 접근 가능한 부분은 boot로 표시돼 있다. 이전에 이미 살펴봤던 것처럼 라즈베리 파이를 VGA 디스플레이에 연결하려면 /boot/config.txt 파일을 수정해야 한다.

라즈베리 파이의 LXTerminal에서 다음 명령을 사용해 config.txt를 수정할 수 있다.

```
sudo nano /boot/config.txt
```

Config.txt를 더 많이 알기 위해서는 http://elinux.org/RPiconfig를 방문하라. 환경
구성의 예는 http://elinux.org/R-Pi_configuration_file에서 볼 수 있다.

네트워크와 인터넷에 라즈베리 파이 연결

파이를 네트워크로 연결하기 위해서는 /etc/network/interfaces 파일을 수정해야
한다. 파이가 연결되는 네트워크가 인터넷과 연결돼 있다면, 인터넷에 접속할 수
있다.

와이파이

라즈베리 파이 3 모델 3은 와이파이를 내장하고 있다. 다른 종류의 파이 모델에서는
USB 와이파이 어댑터가 필요하다. 일단 USB 와이파이 어댑터가 파이에 부착되면
다음 명령을 사용해 /etc/network/interfaces 파일을 백업하라.

```
sudo mv /etc/network/interfaces /etc/network/interfaces.bkp
```

이제 원본 /etc/network/interfaces 파일은 안전하며, 어떤 실수가 있더라도 복구할
수 있다.

새로운 /etc/network/interfaces 파일을 생성하라.

```
sudo nano /etc/network/interfaces
```

예제 1-1을 입력하라.

예제 1-1 /etc/network/interfaces

```
source-directory /etc/network/interfaces.d

auto lo
iface lo inet loopback

auto wlan0
allow-hotplug wlan0
iface wlan0 inet dhcp
wpa-ssid "ASHWIN"
wpa-psk "internet"
```

예제 1-1에서 "ASHWIN"을 와이파이 네트워크의 **ssid**로 대신하고, "internet"을 와이파이 네트워크의 비밀번호로 대체하라. **CTRL+X**를 누르고 **Y**를 눌러 파일을 저장하라.

네트워크 서비스를 재시작하기 위해 다음 명령을 실행하라.

```
sudo service networking restart
```

지금까지 절차를 정확히 따랐다면, 파이는 와이파이 네트워크와 인터넷에 연결돼야 한다. 단, 제공된 와이파이가 인터넷에 연결돼 있어야 한다.[3] 인터넷 연결을 확인하

---

3 networking.service failed 메시지가 나타나고, 데스크톱 표시줄에 네트워크 접속 실패가 나타나더라도 재부팅을 하면 인터넷에 연결된다. 이는 다음에 나올 ping test를 통해 확인할 수 있다. iwlist wlan0 scan을 실행해도 반응이 없다면 sudo ifup wlan0 명령을 실행해야 한다. – 옮긴이

기 위해 다음 명령을 사용하라.

```
ping -c4 www.google.com
```

결과는 다음과 유사해야 한다.

```
PING www.google.com(216.58.197.68) 56(84)bytes of data.
64bytes from maa03s21-in-f4.1e100.net(216.58.197.68): icmp_seq=1 ttl=55 time=755
ms
64bytes from maa03s21-in-f4.1e100.net(216.58.197.68): icmp_seq=2 ttl=55 time=394
ms
64bytes from maa03s21-in-f4.1e100.net(216.58.197.68): icmp_seq=3 ttl=55 time=391
ms
64bytes from maa03s21-in-f4.1e100.net(216.58.197.68): icmp_seq=4 ttl=55 time=401
ms

--- www.google.com ping statistics ---
4 packets transmitted, 4 received, 0% packet loss, time 3003ms
rtt min/avg/max/mdev = 391.729/485.695/755.701/155.925 ms
```

위와 같은 결과는 파이가 인터넷에 연결됐다는 것을 의미한다.

파이의 IP 주소를 알기 위해 ifconfig 명령을 사용하라. 이 결과에서 wlan0과 관련된
섹션을 확인하라.

```
wlan0   Link encap:Ethernet HWaddr 7c:dd:90:00:e2:1e
        inet addr:192.168.0.122 Bcast:192.168.0.255 Mask:255.255.255.0
        inet6 addr: fe80::7edd:90ff:fe00:e21e/64 Scope:Link
        UP BROADCAST RUNNING MULTICAST MTU:1500 Metric:1
        RX packets:1974 errors:0 dropped:0 overruns:0 frame:0
        TX packets:1275 errors:0 dropped:0 overruns:0 carrier:0
        collisions:0 txqueuelen:1000
```

```
RXbytes:195049(190.4 KiB) TXbytes:1204336(1.1 MiB)
```

위 결과에서 192.168.0.122가 파이의 IP 주소다. IP 주소가 DHCP 프로토콜에 할당됐기 때문에 독자의 와이파이 네트워크 설정에 따라 IP 주소에 차이가 존재할 것이다.

이더넷

파이는 LAN 네트워크에 연결될 수도 있다. LAN 스위치 설정에 기반을 두고 IP 주소를 파이에 정적 또는 동적으로 할당할 수 있다.

정적 IP 주소

LAN 네트워크가 IP 주소를 정적으로 할당하려면, /etc/network/interfaces를 예제 1-2와 같이 설정하라.

예제 1-2 /etc/network/interfaces

```
source-directory /etc/network/interfaces.d

auto lo
iface lo inet loopback

auto eth0
allow-hotplug eth0

iface eth0 inet static
# 사용자 정적(static) IP
address 192.168.0.2
# 사용자 게이트웨이(gateway) IP
gateway 192.168.0.1
netmask 255.255.255.0
# 사용자 네트워크 주소군(family)
```

```
network 192.168.0.0
broadcast 192.168.0.255
```

address, gateway, netmask, network, broadcast와 같은 파라미터들은 LAN의 구성에 기반을 두고 있다. LAN 스위치나 라우터를 수동으로 설정하라. 한 그룹 내에서 작업하고 있다면, 네트워크 관리자에서 이 파라미터들을 설정해야 한다.

동적 IP 주소

동적 IP 주소는 설정하기가 쉽다. LAN이 DHCP를 지원한다면 /etc/network/interfaces를 예제 1-3과 같이 설정하라.

예제 1-3 /etc/network/interfaces

```
source-directory /etc/network/interfaces.d

auto lo
iface lo inet loopback

auto eth0
allow-hotplug eth0
iface eth0 inet dhcp
```

이는 파이가 DHCP로 IP 주소를 자동 획득하게 설정할 것이다.

 Note

데비안에서 네트워크 설정을 위해 필요한 모든 정보는 https://wiki.debian.org/NetworkConfiguration에서 찾을 수 있다.

파이의 업데이트

업데이트를 하기 위해서는 파이가 인터넷에 연결돼야 한다.

펌웨어 업데이트

펌웨어는 전자 장치의 ROM 칩에 내장된 소프트웨어다. 펌웨어는 장치의 제어와 모니터링을 제공한다. 파이의 펌웨어 업데이트를 위해 다음 명령을 실행하라.

```
sudo rpi-update
```

이 명령은 펌웨어를 업데이트할 것이다.

라즈비안의 업데이트와 업그레이드

라즈비안을 업데이트하기 위해 APT를 사용할 것이다. APT는 고급 패키지 툴^{Advanced} ^{Package Tool}의 약자다. APT는 데비안과 다른 데비안 기반 OS에서 소프트웨어의 설치와 제거를 다루는 프로그램이다. APT는 소프트웨어 패키지의 패칭^{fetching}, 구성^{configuration}, 설치^{installation}를 자동화함으로써 데비안 시스템에서 소프트웨어 관리 절차를 단순화한다. 이를 위해서는 인터넷 연결이 필요하다.

우선, 다음 명령을 LXTerminal에 입력해 시스템 패키지 리스트를 업데이트하라.

```
sudo apt-get update
```

apt-get update는 각 원격 리포지토리에서 패키지 리스트를 다운로드한다. 최신 버전의 패키지와 패키지 의존성에 관련된 정보를 얻으려면 로컬 컴퓨터에서 패키지 리스트를 업데이트해야 한다. 여기서 패키지 의존성은 설치와 업데이트에 관한 내용이다. apt-get update는 install이나 upgrade 명령어를 수행하기 전에 실행돼야 한다. 다음 단계로 아래의 명령으로 설치된 모든 패키지를 최신 버전으로 업그레이드하라.

```
sudo apt-get dist-upgrade -y
```

apt-get dist-upgrade는 존재하는 패키지의 새로운 버전을 로컬 컴퓨터에서 업그레이드하도록 표시된 컴퓨터에 가져온다[fetch]. 또한 apt-get dist-upgrade는 의존성을 감지하고 설치하며, 오래된 패키지를 제거할 것이다.

이 작업을 정기적으로 수행하면 파이에 설치된 라즈비안 OS를 최신 상태로 유지할 수 있다. 이 명령을 입력한 후, 원격 리포지토리에서 데이터 및 패키지를 가져오는 동안 OS를 업데이트하는 데 시간이 걸릴 것이다.

 Note

sudo apt-get -help는 apt-get과 관련된 모든 옵션을 나열할 것이다.

raspi-config의 업데이트

raspi-config에서 고급 옵션(그림 1-22)으로 이동한 후, Update를 선택하라.

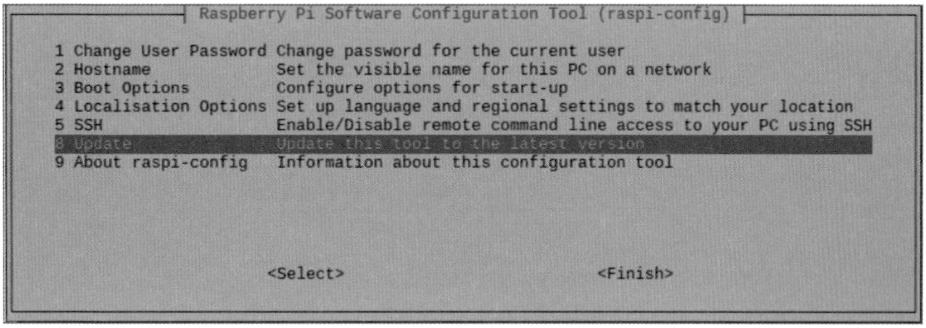

그림 1-22 raspi-config의 업데이트

라즈베리 파이의 종료와 재시작

sudo shutdown -h now를 사용하면 파이를 안전하게 종료할 수 있고, sudo reboot -h now를 사용하면 파이를 재시작할 수 있다.

결론

1장에서는 SBC의 개념과 철학을 소개했다. 대중적인 SBC 계열인 라즈베리 파이로 논의를 시작했다. 2장에서는 몇 가지 중요한 리눅스 명령어와 파이를 원격으로 연결하는 방법을 배울 것이다.

2장

중요한 리눅스 명령어와 원격 연결

1장에서는 SBC의 기초와 라즈베리 파이를 설정하는 방법을 알아봤다. 또한 파이를 인터넷에 연결하는 방법을 배웠다. 모든 독자가 기초에 익숙해졌길 바란다. 2장에서는 독자에게 유용한 몇 가지 중요한 리눅스 명령어와 파이에 원격으로 연결하는 방법을 알아본다.

▌중요하고 유용한 리눅스 명령어

이 절에서는 몇 가지 중요한 리눅스 명령어를 알아본다. 이 명령어들은 슈퍼컴퓨팅과 병렬 프로그래밍에 사용할 하드웨어 환경을 이해하는 데 유용할 것이다.

리눅스 명령어 도움말

명령어에 관한 더 많은 정보를 얻기 위해 mam 명령어나 --help 옵션을 사용할 수 있다. 예를 들어, cat 명령어 용례를 더 알고 싶다면, mam cat이나 cat--help를 입력한다.

네트워크 관련 명령어

다음 네트워크 관련 명령어는 네트워크 인프라를 이해하는 데 편리하다.

ifconfig

ifconfig는 네트워크 상태를 확인하는 데 이용된다. 와이파이와 이더넷 상태를 확인하기 위해 ifconfig eth0과 ifconfig wlan0을 각각 사용할 수 있다.

iwconfig

무선 네트워크 상태를 확인하기 위해 iwconfig를 사용할 수 있다. 그 결과는 다음과 같다.

```
wlan0 IEEE 802.11bg ESSID:"ASHWIN"
Mode:Managed Frequency:2.412GHz Access Point: A2:EC:80:FB:E2:66
Bit Rate=6 Mb/s Tx-Power=20 dBm
Retry short limit:7 RTS thr:off Fragment thr:off
Power Management:off
Link Quality=45/70 Signal level=-65 dBm
Rx invalid nwid:0 Rx invalid crypt:0 Rx invalid frag:0
Tx excessive retries:24 Invalid misc:6 Missed beacon:0

lo no wireless extensions.
```

```
eth0 no wireless extensions.
```

iwlist wlan0 scan

iwlist wlan0 scan은 이용 가능한 모든 무선 네트워크의 리스트를 보여준다.

ping

ping은 두 장치 간의 네트워크 연결을 테스트한다. 이미 1장에서 인터넷 연결을 확인하기 위해 ping의 용례를 살펴봤다.

시스템 정보 명령어

이 명령어들은 개발자들에게 파이에 관련된 시스템과 하드웨어의 상태 정보를 제공하는 데 도움을 준다.

CPU 관련 정보

CPU에 관한 정보를 확인하기 위해 cat /proc/cpuinfo를 사용할 수 있고, 다른 세부 사항(주로 CPU의 동작 속도)을 확인하기 위해 lscpu 명령어를 사용할 수 있다. lscpu의 결과는 다음과 같다.

```
Architecture: armv7l
Byte Order: Little Endian
CPU(s): 4
On-line CPU(s) list: 0-3
Thread(s) per core: 1
Core(s) per socket: 4
Socket(s): 1
Model name: ARMv7 Processor rev 5(v7l)
CPU maxMHz: 900.0000
```

```
CPU minMHz: 600.0000
```

메모리 관련 정보

메모리에 관한 상세 정보를 얻기 위해 cat/proc/meminfo를 사용할 수 있고, 다음
결과와 같이 얼마나 많은 여유 메모리가 존재하는지를 알기 위해 free를 사용할
수 있다.

	total	used	free	shared	buffers	cached
Mem:	996476	210612	785864	7208	15152	113668
−/+buffers/						
cache	81792	914684				
Swap	102396	0	102396			

시스템과 OS 버전 정보

uname −a는 다음과 같이 현재 시스템에 관한 정보를 제공한다.

```
Linux raspberrypi 4.4.11-v7+ #888 SMP Mon May 23 20:10:33 BST 2016 armv7l GNU/Linux
```

리눅스 릴리즈를 확인하기 위해 cat/proc/version를 실행한다.

파티션 관련 정보

df −h는 다음과 같은 형태의 microSD 카드 파티션 정보를 표시한다.

Filesystem	Size	Used	Avail	Use%	Mounted on
/dev/root	15G	3,6G	11G	26%	/
devtmpfs	483M	0	483M	0%	/dev
tmpfs	487M	0	487M	0%	/dev/shm
tmpfs	487M	6,6M	480M	2%	/run
tmpfs	5,0M	4,0K	5,0M	1%	/run/lock
tmpfs	487M	0	487M	0%	/sys/fs/cgroup
/dev/mmcblk0p1	63M	21M	43M	33%	/boot
tmpfs	98M	0	98M	0%	/run/user/1000

cat /proc/partitions는 파티션 블록 할당 정보를 제공한다.

기타 유용한 명령어

hostname -I는 IP 주소를 보여준다.

lsusb는 파이에 연결된 모든 USB 장치 리스트를 보여준다.

vcgencmd measure_temp는 CPU의 온도를 보여준다.

vcgencmd get_mem arm && vcgencmd get_mem gpu는 CPU와 GPU 사이 분리된 메모리를 보여준다.

▌ raspi-config로부터 SSH하기 위해 파이 활성화

파이의 원격 연결하려면 raspi-config로부터 SSH 서버를 활성화해야 한다. LXTerminal을 열고 sudo raspi-config 명령어를 실행한다.

raspi-config의 메인 메뉴에서 Interfacing Options을 선택한다. Interfacing Options 화면에서 P2 SSH를 선택하면 그림 2-1과 같은 그림이 나타난다.

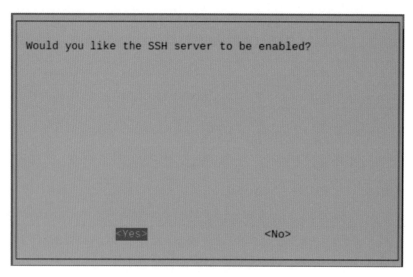

그림 2-1 SSH 서버 활성화

Yes를 선택하면 그림 2-2와 같은 메시지가 나타날 것이다.

그림 2-2 SSH 서버 활성화 확인

Enter를 누른 후 `raspi-config`의 메인 메뉴에서 Finish를 선택하고 재부팅 메시지가 나타나면 Yes를 선택한다. 일단 파이가 재부팅되면, 파이에 원격으로 접속할 수 있다.

▌윈도우에서 원격으로 라즈베리 파이에 연결

사용하고 있는 컴퓨터가 라즈베리 파이와 동일한 네트워크로써 물리적으로나 VPN으로 연결돼 있다면, 파이에 원격으로 연결할 수 있다. 이를 위해서는 다양한 툴과 유틸리티를 사용해야 한다. 이 절에서는 파이를 원격으로 연결하는 방법과 파이로부터 파일을 전송하는 방법을 알아본다. 이 방법은 개발자가 헤들리스 모드^{headless mode}에서 파이를 사용하고자 할 때 중요하다. 헤들리스는 간단히 말해 시각 출력 장치 없이 파이를 사용한다는 의미다. 이 모드는 디스플레이 장치가 없거나 리소스/공간 구속 조건 때문에 하드웨어 여유 공간이 없을 때 유용하다. 예를 들어, 파이로 클러스터를 만들 때, 각 파이를 위한 디스플레이 여유가 없다. 헤들리스 모드는 이런 경우에 매우 유용하다. 이 절에서는 원격으로 파이를 작동하기 위한 다양한 방법에 대해서도 알아본다.

다른 컴퓨터에서 파이에 연결 확인

파이에 연결하고자 하는 컴퓨터는 반드시 동일한 네트워크에 존재해야 한다. 다른 컴퓨터와 파이 사이에는 프록시와 방화벽 제한 사항이 없어야 한다. 이 설정에 가장 적절한 예시는 동일한 라우터/네트워크 스위치에서 연결된 파이와 다른 컴퓨터다. 연결 여부를 확인하기 위해 `ping` 유틸리티를 사용할 수 있다.

1. 컴퓨터의 윈도우 명령어 라인인 cmd를 연다.

2. 파이를 켜고, IP 주소를 작성한다. IP 주소를 찾기 위해 `ifconfig` 명령어를 사용한다. 여기서는 192.168.0.2라고 가정한다. 이 주소가 이더넷인지, 와이파이인지는 중요하지 않다.

3. cmd에서 연결 여부를 확인하기 위해 `ping 192.168.0.2`를 실행한다.

파이와 동일한 네트워크가 존재하면, 리눅스 배포판이나 macOS가 설치된 컴퓨터에서 같은 `ping` 명령어를 사용할 수 있다.

PuTTY

PuTTY는 xterm 터미널 에뮬레이터와 함께 윈도우 및 유닉스 플랫폼용 SSH와 텔레넷의 무료 구현이다. PuTTY는 **사이먼 타탐**Simon Tatham이 주로 작성하고 관리한다. 더 많은 정보를 얻으려면 PuTTY 홈페이지(www.chiark.greenend.org.uk/~sgtatham/putty/)를 방문하기 바란다.

PuTTY는 소스 코드를 이용할 수 있고, 자발적인 팀이 개발하고 지원할 수 있는 오픈 소스 소프트웨어다.

이제 PuTTY를 다운로드해 설치하자. PuTTY는 홈페이지(www.chiark.greenend.org.uk/~sgtatham/putty/latest.html)에서 다운로드할 수 있다.

PuTTY.exe 파일을 다운로드한다. 일단 다운로드되면, 개발자가 선택한 디렉터리에 위치시키고 데스크톱 바로 가기(그림 2-3)를 생성한다.

그림 2-3 PuTTY 데스크톱 바로 가기

PuTTY 바로 가기를 더블 클릭하면 다음과 같은 PuTTY 창이 열린다.

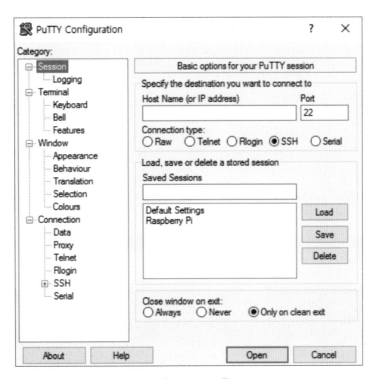

그림 2-4 PuTTY 창

IP 주소를 IP address에 입력하거나 호스트 이름을 Host Name에 입력한다. SSH가 연결 타입으로 선택됐다는 것을 명심하기 바란다. 나중에 사용하기 위해 설정을 저장하고 싶을 것이다. 이제 Open 버튼을 클릭한다. 터미널 형태 창이 열린다. 이 창은 개발자에게 사용자 이름과 비밀번호를 요청한다. pi와 raspberry를 각각 입력한다. 최초로 로그인할 때 그림 2-5의 메시지 대화상자가 나타난다. Yes를 클릭한다.

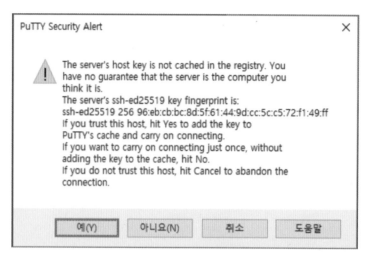

그림 2-5 PuTTY 보안 알람

일단 로그인되면, 그림 2-6과 같은 프롬프트가 나타날 것이다.

그림 2-6 PuTTY 원격 연결 창

파이의 명령어 프롬프트로 원격 작업을 할 수 있다.

원격으로 라즈베리 파이 데스크톱에 접근

라즈베리 파이 데스크톱은 LXDE^{Lightweight X11 Desktop Environment}다. RDP^{Remote Desktop Protocol} 클라이언트를 사용하면 윈도우 컴퓨터에서 원격으로 라즈베리 파이 데스크톱에 접 근할 수 있다. 이를 위해 파이에 xrdp를 설치할 필요가 있다. sudo apt-get install xrdp를 실행해 xrdp를 설치한다. 설치 완료 후 파이를 재부팅한다.

이제 파이에 연결하기 위해 Windows Remote Desktop Client를 사용해야 한다. 클라 이언트는 윈도우에서 탐색 옵션으로 발견할 수 있다. Windows Remote Desktop Client 아이콘을 클릭한다.

그림 2-7의 대화상자에서 Options를 클릭해 확장한다.

그림 2-7 원격 데스크톱 연결

그림 2-8과 같이 다양한 옵션이 나타난다. 파이의 IP 주소를 입력하고 사용자 이름 으로 pi를 입력한다. 체크 박스를 클릭하고, 나중에 사용하기 위해 동일한 환경 설정

을 저장하는 save 버튼을 누른다.

그림 2-8 원격 데스크톱 연결 옵션

로그인할 때, 패스워드 프롬프트가 나타난다. 패스워드를 입력한다. 최초로 윈도우 컴퓨터에서 파이에 연결하면 그림 2-9와 같은 대화상자가 나타난다. 체크 박스를 선택하고 Yes를 누르면 동일한 창이 다시 나타나지는 않을 것이다.

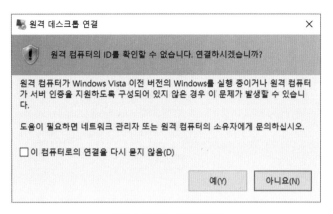

그림 2-9 최초 원격 로그인

라즈베리 파이 데스크톱이 나타난다. 파이가 네트워크를 통해 데스크톱에 스트리밍을 하고 있기 때문에 동작 속도는 꽤 느리지만 꽤 잘 동작한다.

이것이 윈도우 데스크톱/랩톱에서 파이 데스크톱으로 접속하는 방법이다. 하지만 지금까지 배웠던 어떤 방법도 윈도우 컴퓨터와 파이 사이의 파일 전송을 허용하지 않는다. 다음 절에서 이 문제를 해결하는 방법을 알아본다.

WinSCP

윈도우 컴퓨터와 라즈베리 파이 사이에 파일을 전송하기 위해 WinSCP(https://winscp.net/eng/index.php)를 사용할 것이다. WinSCP는 윈도우에 대한 무료 오픈소스인 SFTP이자 FTP다. 주요 기능은 로컬 컴퓨터와 원격 컴퓨터 간의 파일 전송을 보장하는 것이다.

파일을 다운로드(https://winscp.net/eng/download.php)해 설치한다. 윈도우 데스크톱에 바로 가기를 생성한다. 아이콘을 더블 클릭해 WinSCP를 열라(그림 2-10).

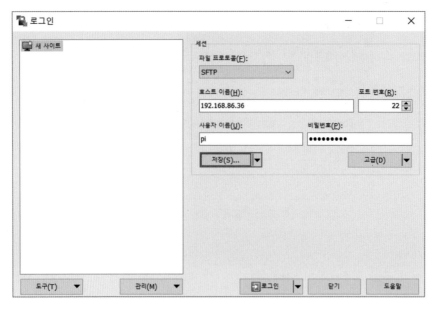

그림 2-10 WinSCP 창

Host name 텍스트 박스에 파이의 IP 주소를 입력한다. 또한 사용자 이름으로 pi, 패
스워드로 raspberry를 입력한다. 나중에 사용하기 위해 설정을 저장할 수 있다. 그
림 2-11은 **저장** 대화상자다.

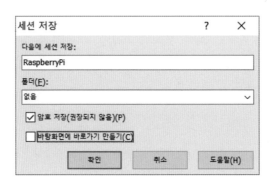

그림 2-11 저장 대화상자

일단 로그인하고, 최초로 연결된 것이라면 다음과 같은 대화상자가 나타날 것이다

(그림 2-12). 계속 진행하기 위해 **Add** 버튼을 클릭한다.

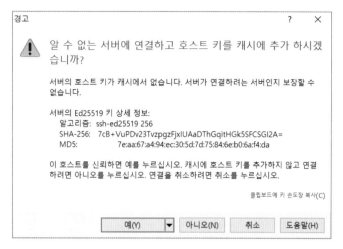

그림 2-12 최초 로그인 대화상자

일단 로그인하면 그림 2-13과 같은 창이 나타날 것이다.

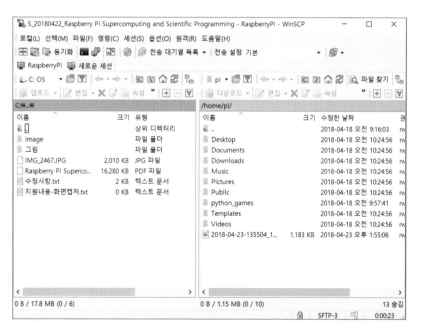

그림 2-13 WinSCP 파일 전송 창

로컬 윈도우 컴퓨터의 파일 시스템은 왼쪽 패널, 라즈베리 파이의 pi 사용자 홈 디렉터리인 /home/pi는 오른쪽 패널에 있다. 이제 두 컴퓨터 사이에 파일 전송이 가능하다.

▌리눅스와 macOS를 사용해 라즈베리 파이로 연결

리눅스 컴퓨터와 macOS를 사용해 파이에 연결하는 방법을 알아보자.

SSH로 원격 로그인

SSH는 리눅스 배포판과 macOS에 내장돼 있다. 추가 소프트웨어 설치 없이 리눅스 컴퓨터(그 외 라즈베리 파이일 수 있다)나 macOS로부터 파이에 연결하는 데 SSH를 사용할 수 있다. 리눅스 컴퓨터나 맥에서 터미널을 연 후, 다음 명령어를 입력한다.

```
ssh pi@192.168.0.2
```

192.168.0.2는 필자의 IP 주소다. 이를 독자가 가진 파이의 IP 주소로 대체한다. 일단 Enter를 누르면 보완/신뢰성 경고 프롬프트가 나타날 것이다. 진행하기 위해 Yes를 입력한다. 이 경고는 첫 번째 연결에서만 나타난다.

이제 패스워드를 위한 프롬프트가 나타날 것이다. pi를 사용자 이름, raspberry를 패스워드로 입력한다. 라즈베이 파이 프롬프트를 볼 수 있을 것이다.

SSH를 사용해 전달

다음과 같이 ssh 명령에서 -Y 플래그를 사용하면, SSH를 통해 X11 세션을 전달할 수 있다.

```
ssh -Y pi@192.168.0.2
```

스크래치와 같은 그래픽 프로그램에 원격으로 접속하자. 다음 명령어를 실행한다.

```
scratch &
```

리눅스 컴퓨터 또는 맥의 새 창에서 파이 프로그램 스크래치의 새로운 X11 세션을
시작할 것이다. & 명령은 백그라운드에서 실행하게 한다.

파일 전송을 위한 SCP

윈도우에서는 윈도우 컴퓨터와 파이 사이에 파일을 전송하기 위해 WinSCP를 사용
했다. 이와 동일한 방식으로 리눅스/맥과 파이 사이에 파일을 전송할 수 있다. 이를
위해 scp 유틸리티를 사용할 필요가 있다. scp는 모든 리눅스 배포판과 macOS에
내장돼 있다.

파이로부터 리눅스 컴퓨터나 맥으로 파일을 복사하려면 리눅스 컴퓨터나 맥의 터미
널에 다음 명령어를 실행해야 한다.

```
scp pi@192.168.0.2:/home/pi/test.txt /home/ashwin
```

위는 파이의 /home/pi 디렉터리 내 test.txt를 리눅스 컴퓨터나 맥의 /home/
ashwin 디렉터리에 복사하는 명령어다.

이와 동일한 방식으로 리눅스 컴퓨터나 맥으로부터 파이로 파일을 복사할 수도 있
다. 이를 위해 리눅스 컴퓨터나 맥의 터미널에 다음 명령어를 실행한다.

```
scp /home/ashwin/test_again.txt pi@192.168.0.2:/home/pi
```

scp 명령어의 더 많은 정보를 알려면 www.computerhope.com/unix/scp.htm을 방문한다.

 연습문제

2장의 내용을 이해하기 위해 다음 연습문제를 완료한다.

- man 명령어를 실행하라.
- 다양한 리눅스 명령어에 --help 옵션을 실행해보라.
- iwlist wlan0 scan 명령어를 실행하라.
- 인터넷 연결 여부를 확인하기 위해 ping www.AshwinPajankar.com을 실행해보라.
- 2장에서 시연된 모든 시스템 관련 명령어의 결과를 확인하라.
- 라즈베리 파이 데스크톱에 원격으로 접속해보라.

▌결론

2장에서는 파이에 원격으로 접속하는 다양한 방법과 파이와 컴퓨터 간 파일 전송 방법을 배웠다. 컴퓨터들은 OS로 리눅스, 윈도우, macOS 중의 하나를 사용한다.

3장

파이썬 소개

2장에서는 리눅스 명령어의 중요성과 컴퓨터에서 원격으로 라즈베리 파이에 접속하는 방법을 알아봤다. 또한 라즈베리 파이에서 파일을 전송하는 방법을 배웠다. 3장에서는 파이썬에 대해 알아본다.

파이썬은 단순하지만 강력한 프로그래밍 언어다. 파이썬을 사용하면 프로그래밍 언어의 문법을 걱정할 필요가 없기 때문에 주어진 문제에 대한 솔루션에만 집중할 수 있다. 파이썬은 "모두를 위한 프로그래밍"이라는 라즈베리 파이의 철학에 적합하다. 이것이 바로 파이썬이 라즈베리 파이와 다른 종류의 SBC에 적합한 프로그래밍 플랫폼으로 선호되는 이유다.

▌파이썬의 역사

파이썬은 1980년대에 탄생했다. 실제 파이썬이 사용되기 시작한 것은 1989년 후반 네델란드 국립수학과학연구원Centrum Wiskunde & Informatica의 귀도 반 로섬Guido van Rossum에 의해서였다. 파이썬은 ABC 프로그래밍 언어ABC Programming Language를 계승했다. ABC 프로그래밍 언어 자체는 STEL에서 영감을 얻었다. 1991년 2월, 반 로섬은 파이썬 소스 코드를 alt.sources 뉴스 그룹에 공식적으로 배포했다. 파이썬이라는 이름은 TV 쇼인 몬티 파이썬의 비행 서커스Monty Python's Flying Circus에서 영감을 받은 것이다. 반 로섬은 몬티 파이썬의 열광적인 팬이었다.

반 로섬은 파이썬 프로그래밍 언어의 대표 저자로, 파이썬 프로그래밍 언어의 개발 방향 설정, 버그 수정, 진보, 혁신에 있어 중심적인 역할을 했다. 그는 파이썬의 '자비로운 종신 독재자BDFL, Benevolent Dictator for Life'라는 직함을 갖고 있다. 그는 현재(2017년 2월) 드롭박스Dropbox에서 일하면서 대부분의 시간을 파이썬 프로그래밍 언어 발전에 사용하고 있다.

파이썬 프로그래밍 언어의 중심 철학, 파이썬의 젠(zen, 선, 선종 불교)은 PEP-20PEP, Python Enhancement Proposal으로 설명된다. 파이썬의 젠은 www.python.org/dev/peps/pep-0020에서 확인할 수 있다.

파이썬의 젠은 20가지 소프트웨어 원리 모음으로, 그중 19가지가 문서화됐다. 그 내용은 다음과 같다.

1. 아름다움이 추함보다 낫다.
2. 명시적인 것이 암묵적인 것보다 낫다.
3. 단순한 것이 복합한 것보다 낫다.
4. 복합된 것이 복잡한 것보다 낫다.
5. 평평한 것이 얽혀 있는 것보다 낫다.
6. 드문 것이 빽빽한 것보다 낫다.
7. 가독성이 중요하다.

8. 특별한 경우는 규칙을 어길 만큼 특별하지 않다.

9. 실용성이 순수함을 이길지라도

10. 오류는 결코 허용돼서는 안 된다.

11. 명시적으로 오류를 발생시키지 않도록 하는 한

12. 모호함에 직면할 때, 추측의 유혹을 거부한다.

13. 문제를 해결하기 위한 분명한 방법이 있어야 한다.

14. 네덜란드 사람이 아니라면, 이 방법이 처음에는 분명하지 않을 수도 있지만

15. 지금 시도하는 것이 결코 시도하지 않는 것보다 낫다.

16. 가끔은 결코 시도하지 않는 것이 지금 시도하는 것보다 낫다.

17. 구현을 설명하기 어렵다면 좋지 못한 아이디어다.

18. 구현이 설명하기 쉽다면 좋은 아이디어일 수 있다.

19. 네임 스페이스는 훌륭한 아이디어를 제공한다. 그 이상을 해보자.

▌ 파이썬의 특징

프로그래밍 커뮤니티에서 소개된 파이썬의 특징은 다음과 같다.

단순

파이썬은 최소한의 언어다. 가독성이 좋고 잘 작성된 파이썬 프로그램은 마치 영어 문장을 읽는 것과 같은 느낌이 들도록 한다.

학습

파이썬의 단순함과 영문법과 같은 특징 덕분에 입문자가 배우기 쉽다. 이것이 요즘 고등학교와 대학에서 프로그램 개론 수업을 수강하는 학생들에게 파이썬을 가르치

는 핵심 이유다. 새로운 세대의 프로그래머들은 파이썬을 그들의 첫 번째 프로그래밍 언어로 배우고 있다.

읽기 쉽다

파이썬은 코드를 읽기 힘들게 만드는 규정을 제공하지 않는다. 영어와 같은 파이썬 코드의 구조는 다른 프로그래밍 언어로 작성된 코드와 달리 코드를 읽기 쉽다. 이런 특징이 C와 C++와 같은 다른 하이 레벨 언어에 비해 파이썬이 이해하기 쉽고 배우기 쉬운 언어라는 근거다.

코드 유지보수

파이썬 코드는 읽기 쉽고, 이해하기 쉬우며, 배우기 쉽기 때문에 코드를 유지보수하는 누구라도 상당히 적은 시간에 코드 베이스에 익숙해진다. bash와 파이썬 2의 결합으로 작성된 대규모 레거시 코드 베이스를 유지보수하고 향상시킨 개인적인 경험을 바탕으로 이를 자신 있게 말할 수 있다.

오픈소스

파이썬은 오픈소스 프로젝트다. 파이썬의 소스 코드는 자유롭게 이용할 수 있다. 사용자는 파이썬을 수정할 수 있고, 필요에 따라 커스터마이즈할 수 있으며, 원본 코드와 변경된 코드를 사용자 애플리케이션에서 사용할 수 있다.

하이 레벨 언어

파이썬 프로그램을 작성하는 동안에는 메모리 관리, CPU 타이밍, 스케줄 프로세스와 같은 로 레벨 세부 사항을 관리할 필요가 없다.

이식성

파이썬 인터프리터는 다양한 OS 플랫폼에 포팅될 수 있고 이식이 쉽다. 모든 파이썬 프로그램은 시스템 의존성 코딩을 피하는 데 주의를 기울이면 많은 변경 사항 없이 어떤 지원 플랫폼에서도 동작할 수 있다.

파이썬은 GNU/리눅스, 윈도우, 안드로이드, FreeBSD, macOS, iOS, 솔라리스, OS/2, 아미가^Amiga, Palm OS, QNX, VMS, AROS, AS/400, BeOS, OS/390, z/OS, Psion, Acorn, PlayStation, Sharp Zaurus, RISC OS, VxWorks, Windows CE, PocketPC에서 사용할 수 있다.

인터프리터

파이썬은 인터프리트된 언어로, C, C++, 자바와 같은 하이 레벨 프로그래밍 언어로 작성된 프로그램을 우선 컴파일한다. 컴파일은 하이 레벨로 작성된 코드가 중간 단계의 포맷으로 변형된다는 것을 의미한다. 이 중간 단계 포맷은 프로그램을 실행할 때, 보조 저장 장치(즉, 하드 디스크)에서 링커/로더에 의해 메모리^RAM로 로드된다. C, C++, 자바는 각각 컴파일러, 링커/로더가 필요하지만 파이썬은 다르다. 파이썬은 소스 코드로부터 프로그램을 직접 실행하기 때문에 개발자는 적절한 라이브러리를 컴파일하거나 링크할 필요가 없다. 이런 특징은 한 컴퓨터에서 그 외의 컴퓨터로 프로그램을 복사할 수 있고, 필요한 라이브러리가 대상 컴퓨터에 설치돼 있는 한 프로그램이 잘 실행되므로 파이썬 프로그램을 진정으로 이식성^Potable 있게 한다.

객체지향성

파이썬은 객체지향 프로그래밍 패러다임뿐 아니라 절차지향 프로그래밍을 지원한다. 파이썬은 객체지향 프로그래밍 패러다임을 지원한다. 모든 객체지향 프로그래밍 패러다임은 파이썬으로 실행된다. 프로그램은 객체지향 프로그래밍 언어에서 데이터와 관련 기능을 결합한 객체를 기반으로 빌드된다. 파이썬은 매우 단순하지만 강력한 객체지향 프로그래밍 언어다.

확장성

파이썬의 특징 중의 하나는 파이썬 프로그램에서 C와 C++ 루틴routine을 호출할 수 있다는 것이다. 빠르게 동작하기 위한 애플리케이션의 핵심 기능을 원한다면 C/C++의 일부분을 코딩해 파이썬 프로그램에서 호출할 수 있다(일반적으로 C/C++ 프로그램이 파이썬보다 빠르게 동작한다).

풍부한 라이브러리

파이썬에는 사전에 설치되는 표준 라이브러리가 있다. 표준 라이브러리는 현대 프로그래밍 언어에 대한 필수 기능을 갖추고 있다. 파이썬은 데이터베이스, 유닛 테스팅(이 책에서 다룰 내용), 정규 표현식, 멀티 스레딩, 네트워크 프로그래밍, 컴퓨터 그래픽, 영상 처리, GUI 및 기타 유틸리티를 제공한다. 이것이 "배터리 포함"이라는 파이썬 철학의 일부다. 파이썬은 표준 라이브러리 외에도 수많은 서드파티 라이브러리를 보유하고 있다. 이 라이브러리 목록은 Python Package Index에서 찾을 수 있다.

강건성

파이썬은 오류를 처리할 수 있는 기능을 바탕으로 강건성을 제공한다. 프로그래머는 경험했던 오류의 풀 스택을 추적할 수 있으며, 이를 통해 어려운 일을 더 잘 견뎌낼 수 있다. 런타임 오류는 예외라고 하며, 이러한 오류를 처리할 수 있는 기능을 '예외 처리 메커니즘'이라고 한다.

신속한 프로토타입

파이썬은 신속한 프로토타입 툴로 사용된다. 이전에 살펴봤듯이 파이썬은 방대한 라이브러리를 갖고 있고, 쉽게 배울 수 있기 때문에 많은 소프트웨어 디자이너가 아이디어를 매우 짧은 시간 안에 빠르게 모델링할 수 있는 툴로 사용하고 있다.

메모리 관리

메모리 관리는 어셈블리 언어, C, C++와 같은 프로그래밍 언어에서 프로그래머의 몫이다. 파이썬에서 메모리를 관리하는 것은 파이썬 인터프리터다. 따라서 프로그래머는 메모리 관리 문제에서 벗어나 당면한 업무에만 집중할 수 있다.

영향력 있는 언어

파이썬은 현대 프로그램 언어에 필요한 모든 것을 갖추고 있다. 파이썬은 컴퓨터 비전, 슈퍼컴퓨팅, 신약 발견, 과학 연산, 시뮬레이션, 생물 정보학과 같은 애플리케이션에 이용된다. 전 세계 수백만 명의 프로그래머들이 파이썬을 사용한다. NASA, 구글, SpaceX, 시스코와 같은 거대한 브랜드 기업들이 애플리케이션과 인프라를 구축할 때도 파이썬을 사용한다.

커뮤니티 지원

개인적으로 파이썬의 가장 매력적인 특징은 커뮤니티 지원이라고 생각한다. 지금까지 살펴봤듯이, 전 세계적으로 파이썬을 사용하는 거의 100만 명(오늘날 고등학생들 역시 파이썬을 배우고 있기 때문에 그 수는 더 많다)의 프로그래머 커뮤니티가 존재할 뿐 아니라 인터넷에서 장애물을 만난 프로그래머를 지원하기 위한 수많은 포럼이 존재한다. 파이썬과 관련된 어떤 종류의 질문도 해결되지 않은 것이 없다.

▌파이썬 3

파이썬 3은 2008년에 배포됐다. 파이썬 개발 팀은 파이썬의 중복되는 기능들을 제거하고, 일부 디자인 결함을 수정하고, 더 필요한 기능을 추가하기로 결정했다.

이 작업에는 주요 리비전 번호가 필요하며, 이전 버전과 호환되지 않는다. 파이썬 2.x와 3.x는 코드와 서드파티 라이브러리들이 2.x에서 3.x로 이식되도록 충분한 시간 동안 프로그래머의 커뮤니티에 병렬로 공존해야 했다. 2.x와 3.x 사이에 큰 차이가 있기 때문에 파이썬 2.x 코드는 많은 경우, 3.x에서 실행되지 않는다.

파이썬 2와 파이썬 3 사이의 차이

다음은 파이썬 2와 파이썬 3 사이에 가장 눈에 띄는 몇 가지 차이들로, 이해할 만한 가치가 있다. 이 차이와 관련된 파이썬 3의 특징을 살펴보자.

prinf( ) 함수

이는 파이썬 2와 파이썬 3 사이의 가장 눈에 띄는 차이다. 파이썬 2에서 print문은 파이썬 3에서 print( ) 함수로 대체됐다.

실수형으로 표현되는 정수 나눗셈 결과

정수 나눗셈의 결과는 파이썬 3에서 수학적 정확성을 고려해 변경됐다. 파이썬 2에서 두 정수 나눗셈의 결과는 정수였다. 하지만 파이썬 3에서 그 결과는 수학적으로 타당하고 프로그래밍 초보자도 이해하기 쉬운 실수값이다. 대부분의 프로그래밍 언어에서 정수 나눗셈의 결과는 정수다.

xrange( ) 함수의 삭제

파이썬 2에서는 반복적인 객체를 생성하기 위해 xrange( ) 함수가 이용됐다. 파이썬 3에서는 range( ) 함수가 xrange( ) 함수와 같은 기능을 수행한다. 따라서 xrange( ) 함수는 더 이상 파이썬 3에서 사용되지 않는다. 파이썬 3에서 xrange( ) 함수를 사용한다면, nameError 예외가 발생할 것이다.

예외 발생

파이썬 3에서는 예외 인자를 의무적으로 포함해야 한다. 반면, 파이썬 2에서는 선택 사항이다.

예외 처리

파이썬 3에서는 예외 처리가 발생하는 동안에 인자를 처리하기 위한 as 키워드가 필수다. as 키워드는 파라미터 앞에 존재한다. 파이썬 2에서는 as 키워드가 필요 없다.

새 버전 스타일 클래스

파이썬 2는 이전 버전 스타일 클래스와 새 버전 스타일 모두를 지원한다. 반면, 파이썬 3은 새 버전 스타일 클래스만을 지원한다. 파이썬 3은 이전 버전 스타일을 더 이상 지원하지 않는다. 파이썬 3에서 생성되는 모든 클래스는 기본적으로 새 버전 클래스다.

파이썬 3의 새로운 특징

파이썬 2에 하위 호환되지 않는 파이썬 3의 새로운 특징들은 다음과 같다.

- 문자열은 유니코드^{Unicode}
- 유니코드/바이트 구분 명확화^{clean}
- 예외 변경
- 함수 주석
- 키워드 인자를 위한 구문
- 확장된 언패킹 튜플$^{unpacking\ tuple}$
- 비국부적 변수$^{non-local\ variable}$

이상의 목록을 바탕으로, 이 책의 예제 코드에서는 print( ) 메서드, 새 버전 스타일 클래스, 예외, 예외 처리 메커니즘을 사용할 것이다.

> **Note**
>
> 파이썬 2와 파이썬 3 사이의 차이를 좀 더 알기 위해서는 위키 페이지를 살펴보라.
>
> https://wiki.python.org/moin/Python2orPython3

왜 파이썬 3을 사용하는가?

이 책의 예제 코드에서는 새 버전 스타일 클래스와 예외를 자주 사용할 것이다. 많은 파이썬 전문가가 여전히 파이썬 2를 옹호하고 있더라도 전적으로 그들과 다른 생각을 갖고 있다. 파이썬 위키(https://wiki.python.org/moin/Python2orPython3)에서는 다음과 같이 이야기한다.

"파이썬 2.x는 레거시(유물)다. 파이썬 3.x는 컴퓨터 언어의 현재이자 미래다."

파이썬 2를 옹호하는 주장 중 하나는 방대한 문서, 책, 서드파티 라이브러리들이다. 하지만 대부분의 개발자는 커스텀 라이브러리를 파이썬 3에 이미 포팅porting4하고 있다. 거의 모든 주요 서드파티 라이브러리가 포팅됐고, 파이썬 3을 지원한다. 시간이 흐름에 따라 파이썬 3에 관련된 더 많은 문서를 이용할 수 있을 것이다.

프로그래머의 새로운 세대들은 파이썬 3을 그들의 첫 번째 프로그래밍 언어로 접하고 있다. 초급 프로그래머들이 파이썬 프로그래밍의 개념과 철학에 익숙해질 때, 그들은 점차 파이썬 2를 알게 된다.

대부분의 기관은 이미 코드 베이스를 파이썬 2에서 파이썬 3으로 마이그레이션했다. 거의 모든 파이썬 프로젝트들이 파이썬 3을 광범위하게 이용하고 있다.

개인적으로 이런 사실들이 파이썬 3을 사용해야 하는 이유라고 생각한다.

---

4 다른 버전의 환경에 맞도록 수정해 이식 – 옮긴이

▌라즈비안에서 파이썬 2와 파이썬 3

라즈비안은 데비안 계열의 OS다. 파이썬 2와 파이썬 3 인터프리터는 라즈비안에 설치돼 있다. 파이썬 2 인터프리터는 lxterminal에서 명령어 python을 사용해 호출될 수 있고, 파이썬 3 인터프리터는 lxterminal에서 명령어 python3을 사용해 호출될 수 있다. 명령어 python3 -V나 python -version을 사용하면 파이썬 3 인터프리터의 버전을 확인할 수 있다. 또한 lxterminal에서 which python3을 사용하면 파이썬 3 바이너리의 위치를 확인할 수 있다.

▌파이썬 프로그램과 파이썬 모드의 실행

지금까지 파이썬 프로그래밍을 위한 환경 설정을 수행했다. 단순한 파이썬 개념으로 프로그래밍을 시작해보자. 파이썬에는 노멀[nomal] 모드와 인터랙티브 모드가 존재한다. 이 두 가지 모드를 상세히 살펴보자.

인터랙티브 모드

파이썬 인터랙티브 모드는 명령어 라인 셸[shell]이다. 인터랙티브 모드는 모든 실행 명령행[statement]에 대한 즉각적인 결과다. 또한 이전에 실행된 명령어를 액티브 메모리에 저장한다. 파이썬 인터프리터로 새로운 명령행이 실행될 때, 이전에 실행된 명령행의 전체 시퀀스[sequence]가 고려된다. 파이썬 3 인터프리터의 인터랙티브 모드를 호출하기 위해서는 lxterminal에 다음과 같이 python3을 입력해야 한다.

```
pi@raspberrypi:~ $ python3
Python 3.5.3(default, Jan 19 2017, 14:11:04)
[GCC 6.3.0 20170124] on linux
```

```
Type "help", "copyright", "credits" or "license" for more information.
>>>
```

이 인터랙티브 모드에서는 마치 OS shell/consol에서 명령어를 입력하는 것처럼 다음과 같이 직접 파이썬 명령행을 실행할 수 있다.

```
>>>print('Hello World!')
Hello World!
>>>
```

이 책에서는 인터랙티브 모드를 사용하지 않을 것이다. 하지만 인터랙티브 모드는 작은 코드 한 토막(5줄에서 10줄 내외)을 확인하기 위한 가장 빠른 방법이다. 다음과 같이 exit() 명령행을 사용해 인터랙티브 모드를 종료할 수 있다.

```
>>> exit()
pi@raspberrypi:~ $
```

노멀 모드

노멀 모드에서는 파이썬 인터프리터로 파이썬 스크립트 파일(.py)이 실행된다. test.py라는 파일을 생성하고 명령행 print('Hello World!')를 추가한다. 파일을 저장한 후 다음과 같이 파이썬 3 인터프리터로 실행한다.

```
pi@raspberrypi:~ $ python3 test.py
HelloWorld!
pi@raspberrypi:~ $
```

위의 예제에서 python3은 인터프리터고, test.py는 파일 이름이다. test.py 파일이 파이썬 3 인터프리터를 실행하고 있는 경로와 동일하지 않은 경우에는 파이썬 파일의 절대 경로를 제공해야 한다.

▌파이썬을 위한 통합 개발 환경

통합 개발 환경IDE, Integrated Development Environment은 프로그램 작성과 테스트에 필요한 모든 기본 툴을 포함하고 있는 소프트웨어다. 전형적인 통합 개발 환경은 컴파일러, 디버거, 코드 에디터, 빌드 자동 수행 툴을 포함한다. 대부분의 프로그래밍 언어는 프로그래머의 삶을 더 윤택하게 해주는 다양한 통합 개발 환경을 가진다. 파이썬은 통합 개발 환경의 종류가 너무 많다. 파이썬을 위한 몇 가지 통합 개발 환경을 살펴보자.

IDLE

IDLE는 파이썬과 함께 설치된다. 파이썬 3을 위한 IDLE는 IDLE3이다. IDLE는 초급 파이썬 개발자들에게 친숙하다. lxterminal 창에 idle3을 입력해보자. 그림 3-1은 IDLE3 코드 에디터와 인터랙티브 프롬프트의 스크린샷이다.

그림 3-1 IDLE3

Geany

Geany는 통합 개발 환경의 기본 특징을 가진 GTK+ 툴킷을 사용한 텍스트 에디
터다. Geany의 특징은 많은 파일 타입을 지원한다는 것이다. 좀 더 자세한 정보는
www.gcany.org를 참조하기 바란다. 그림 3-2는 Gcany 텍스트 에디터의 스크린샷
이다.

그림 3-2 Geany

Geany는 최신 버전의 라즈비안에 설치돼 있다. 라즈비안에 Geany가 설치돼 있지 않다면 sudo apt-get install geany를 사용해 lxterminal에 Geany를 설치한다. 일단 설치되면, 다음 스크린샷(그림 3-3)에서 알 수 있듯이 Raspbian Menu → Programming → Geany Programmer's Editor에서 geany를 찾을 수 있다.

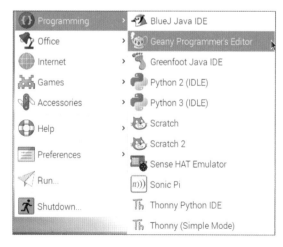

그림 3-3 라즈비안 메뉴

코드 에디터에서 "Hello World!"를 입력하고, /home/pi 디렉터리에 test.py로 저장한다. 메뉴 바에서 Build를 클릭한 후, Execute를 선택한다. 프로그램을 실행하기 위해 F5를 사용할 수도 있다. 프로그램은 lxterminal 창에서 실행될 것이다. 실행 창을 종료하려면 Enter를 눌러야 한다. Geany에 대한 기본 파이썬 인터프리터는 파이썬 2다. 기본 인터프리터를 파이썬 3으로 변경할 필요가 있다. Build → Set Build Commands로 이동한다. 다음과 같은 창이 나타날 것이다.

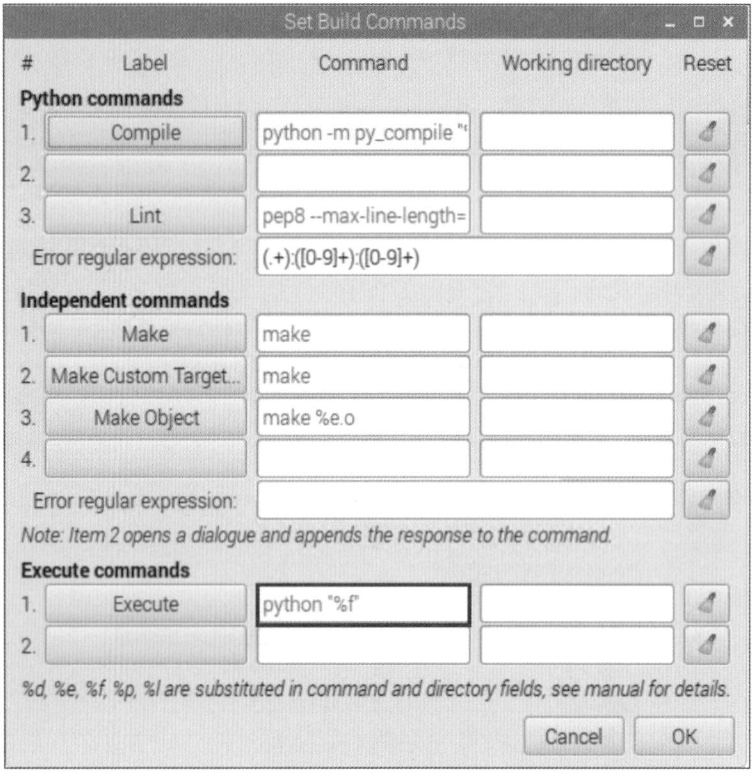

그림 3-4 빌드 명령어 설정

이 창에서 파이썬 3의 기본 인터프리터로 설정하기 위해 Execute commands 섹션 아래에 있는 python "%f"(위 그림에서 사각형으로 강조돼 있는 부분)를 python3 "%f"로 변경한다. 이후, 모든 것이 잘 설정됐는지 확인하기 위해 프로그램을 다시 실행한다.

파이썬 3의 배경을 잘 이해했는지 확인하기 위해 다음을 수행하라.

- 파이썬 홈페이지(www.python.org)를 방문해 살펴보라.
- 파이썬 문서(https://docs.python.org/3/) 페이지를 방문해 살펴보라.
- https://docs.python.org/3/whatsnew/index.html에서 파이썬의 최신 릴리즈의 버전별 새로운 특징을 확인한다.
- 인터넷에서 파이썬 젠의 20번째 원리를 찾아보라.

▌결론

3장에서는 파이썬의 배경, 역사, 특징을 알아봤다. 또한 파이썬 2.x와 파이썬 3.x의 중요한 차이를 살펴봤다. 파이썬 3이 스크립트 모드와 인터프리터 모드에서 동작한다는 것을 알게 됐다. 몇 가지 대중적인 파이썬 통합 개발 환경들을 살펴봤고, 라즈베리 파이에서 파이썬 3 인터프리터를 사용하기 위해 geany 설정을 변경해봤다. 4장에서는 이 책에서 간단히 구축해보려는 미니 슈퍼컴퓨터에서의 병렬 프로그래밍을 위해 파이썬 3과 함께 mpi4py를 사용할 것이다. 4장에서는 슈퍼컴퓨팅의 기초를 살펴볼 것이다.

4장

슈퍼컴퓨팅의 개요

3장에서는 파이썬 프로그래밍 언어의 역사와 철학을 알아봤다. 4장에서는 슈퍼컴퓨팅의 개념과 역사를 살펴볼 것이다.

▌슈퍼컴퓨팅의 개념

슈퍼컴퓨터는 뛰어난 연산 능력을 가신 특별한 컴퓨터다. 이것이 슈퍼컴퓨디라는 용어의 가장 간단한 정의다. 다른 종류의 컴퓨터와 구분되는 슈퍼컴퓨터의 핵심적인 특징은 거대한 연산 능력이다.

슈퍼컴퓨터는 연산 부하가 많은 애플리케이션에서 이용된다. 이런 애플리케이션의 대부분은 과학 애플리케이션이다. 몇 가지 예는 다음과 같다.

- 날씨 예측
- 기후 조사
- 분자 모델링
- 물리 시뮬레이션
- 양자 메커니즘
- 기름과 기체 확산

▌슈퍼컴퓨터의 간략한 역사

컨트롤 데이터 사^{CDC, Control Data Corporation}는 슈퍼컴퓨터의 발상지다. 시모어 크레이^{Seymour Cray}는 1964년에 CDC 6000을 구축했다. CDC 6000이 동시대의 컴퓨터들보다 우수한 성능을 보였기 때문에 최초의 슈퍼컴퓨터로 불렸다. CDC 6000의 연산 속도는 약 10MHz였다. 1968년 시모어 크레이는 CDC 7600을 구축했다. CDC 7600의 연산 속도는 35MHz였다. 또 다시 CDC 7600이 가장 빠른 컴퓨터가 됐고, 컴퓨팅 능력의 관점에서 그 외 모든 컴퓨터를 능가했다.

이것이 슈퍼컴퓨터의 기원이다. 결국 크레이는 CDC를 남겼고, 슈퍼컴퓨터를 설계하고 개발하기 위한 회사를 설립했다. 크레이는 역사적으로 가장 성공적인 슈퍼컴퓨터 중 일부를 창조했다. 그 슈퍼컴퓨터들은 Cray 1, Cray X-MP, Cray 2, Cray Y-MP였다. 1990년에는 수천 개의 프로세서를 포함한 거대한 병렬 슈퍼컴퓨터의 시대를 맞이했다. 이 프로세서들은 다양한 구성으로 연결됐다. 가장 유명한 예는 수많은 Intel i860을 포함하는 Intel Paragon이다.

슈퍼컴퓨터의 속도는 초당 100만 명령어^{MIPS, Million Instructions Per Second}대신, 초당 실수

연산FLOPS, Floating Point Operations Per Second이라는 단위로 측정된다. Intel ASCI Red는 최초의 TFLOPSTera FLOPS다. 2008년, IBM Roadrunner는 PFLOPSPeta FLOPS의 연산 속도를 가진 최초의 슈퍼컴퓨터가 됐다.

슈퍼컴퓨팅 영역에서 다음 돌파구breakthough는 Exa-FLOPS로 측정되는 연산 속도를 가진 Exascale의 슈퍼컴퓨터일 것이다.

여기서는 top 10 슈퍼컴퓨터나 가장 빠른 슈퍼컴퓨터의 목록을 제공하지 않는다. 이는 매년 목록의 순위가 계속 바뀌기 때문이다. 또한 슈퍼컴퓨터는 다양한 파라미터를 근거로 평가되기 때문에 다른 종류의 파라미터들에 기반을 둔 소스로부터 평가되는 순위는 결코 하나의 기준이 될 수 없다.

▎클러스터

거대한 병렬 컴퓨팅 시스템을 설계할 때는 일반적으로 두 가지 접근 방법이 존재한다. 첫 번째 접근 방법은 지리적으로 광범위한 영역에 퍼져 있는 수많은 컴퓨터를 특정한 문제를 풀기 위한 목적으로 호출하는 것이다. 이는 인터넷과 같이 광범위한 영역의 네트워크에서 잘 작동한다. 이런 종류의 시스템을 분산 시스템distributed systems이라고 한다. 그 밖의 접근 방법은 수많은 연산 노드를 서로 인접한 거리에 위치시키는 것이다. 이 방법은 통신에 소요되는 시간을 절약할 수 있고, 대부분의 연산 능력을 계산이 많이 필요한 문제에 이용할 수 있다. 이 접근 방법을 클러스터링clustering이라고 한다. 모든 슈퍼컴퓨터는 이 범주에 속한다.

한 컴퓨터 클러스터는 느슨하게 혹은 긴밀하게 종속돼 함께 동작하는 컴퓨터의 그룹으로 정의된다. 한 클러스터 내에 존재하는 컴퓨터를 노드node라고 한다. 한 클러스터 내의 모든 노드들은 정확히 같은 종류의 태스크를 수행한다.

이 책에서 개발하고자 하는 미니 슈퍼컴퓨터는 라즈베리 파이들 중 한 클러스터일 것이다. 모든 슈퍼컴퓨터는 클러스터지만, 모든 클러스터는 슈퍼컴퓨터가 아니다. 슈퍼컴퓨터의 정의에서 알게 된 것과 같이, 슈퍼컴퓨터는 거대한 처리 능력이 있다. 이것이 모든 클러스터를 슈퍼컴퓨터라고 부를 수 없는 이유다. 이 책에서 구축할 클러스터는 처리 능력의 측면에서 실제 슈퍼컴퓨터보다 뒤떨어지기 때문에 슈퍼컴퓨터가 아니다. 하지만 이 클러스터는 실제 슈퍼컴퓨터와 동일한 원리로 작동한다. 따라서 이 책에서 구축할 클러스터를 미니 클러스터라고 할 수 있다. 거대한 병렬 시스템의 도입 이래 큰 규모의 클러스터와 덜 강력한 컴퓨터 사이의 경계가 모호해졌다. 오늘날 일부 커스텀 클러스터들은 1980년대의 슈퍼컴퓨터만큼 강력하다. 슈퍼컴퓨터의 구성에 기반을 두고 판매되는 클러스터들은 다음 두 범주로 분류된다.

이종 클러스터

클러스터의 모든 노드가 정확히 동일한 하드웨어 구성을 갖지 않을 때, 클러스터는 이종 클러스터heterogeneous cluster라고 한다. 커스텀 클러스터를 만들 때, 2개의 파이 B+, 1개의 파이 2, 1개의 파이 3을 사용했기 때문에 이 커스텀 클러스터는 이종 클러스터다.

베오울프 클러스터

베오울프 클러스터Beowulf cluster 내의 모든 노드는 이종 클러스터와 달리, 동일한 하드웨어 구성을 가진다. 개발자들은 라즈베리 파이와 같은 SBC뿐 아니라 판매 등급의 하드웨어로 이종 클러스터와 베오울프 클러스터를 만들 수 있다. 거의 모든 클러스터는 리눅스 배포판을 노드를 관리하기 위한 OS로 사용한다.

개발자가 가진 라즈베리 파이 모델에 따라 이종 클러스터나 베오울프 클러스터를 만들 수 있다.

▌병렬성과 동시성

슈퍼컴퓨팅의 영역에서 사용하는 몇 가지 중요한 용어를 살펴보자.

병렬성

병렬성^{Parallelism}은 연산 태스크가 병렬로 수행되는 것을 의미한다. 이것은 또한 태스크가 동시에 수행된다는 섯을 의미한다. 병렬싱은 주로 연산의 양이 많은 문제의 경우에 사용된다. 연산의 양이 많은 문제는 종종 연산이 적은 하위 문제들로 나눠지기 때문에 병렬적으로 해결할 수 있다. 멀티 코어 프로세서의 도입으로 하드웨어가 병렬 프로그램의 실행을 지원할 수 있게 됐다. 병렬 프로그램을 수행하기 위한 그 밖의 방법은 멀티 컴퓨터를 사용함으로써 병렬 시스템을 설계하는 것이다. 병렬은 직렬의 상대 개념이다. 직렬은 하나가 수행된 이후 다른 것이 차례로 수행된다는 것을 의미한다. 병렬성은 동시성^{concurrency}이라는 용어와 관련이 깊다.

간단히 병렬성에 대해 알아보자. 수행돼야 할 2개의 태스크가 있고, 두 태스크를 처리할 수 있는 두 사람이 존재한다고 가정해보자. 두 사람은 각각 하나의 태스크에 할당됐고, 그들은 독립적으로 각각 태스크를 처리할 수 있다. 이것이 병렬성이다.

동시성

동시성^{concurrency}은 많은 연산 태스크가 동시에 처리되는 것을 의미한다. 태스크가 같은 시간에 처리될 필요는 없다. 병렬성에서는 각 노드가 같은 시간 동안 각자의 태스크를 실행한다. 동시성의 관점에서는 그럴 필요가 없다. 동시 시스템은 한 연산이 다른 연산을 기다리지 않고 진행될 수 있으며, 하나 이상의 연산이 진행될 수 있다는 것을 의미한다. 동시성의 가장 적절한 예는 OS의 프로세스 스케줄링이다.

간단히 동시성을 설명해보자. 수행돼야 할 2개의 태스크가 있고, 한 사람만이 모든 작업을 수행하기 위해 존재한다고 가정해보자. 이 사람이 첫 번째 태스크를 시작한다. 작업의 30%가 진척됐을 때, 하던 일을 두 번째 태스크로 바꾼다. 이런 종류의 변경이 여러 번 발생한다. 이제 두 태스크가 차례대로 수행된다고 말할 수 있다. 그 태스크들이 동시에 완료되지는 않더라도 완료에 가까워진다. 결국 두 태스크는 완료된다. 동시적이라는 개념은 순차적sequential이라는 개념의 반대다.

병렬 프로그래밍

모든 클러스터와 슈퍼컴퓨터는 연산의 관점에서 거대한 태스크를 작은 태스크로 분해하고, 개별 결과를 다시 모아 최종 결과를 도출하기 위해 병렬성을 사용한다. 이런 유형의 동작을 지원하는 프로그래밍 패러다임을 병렬 프로그래밍이라고 한다. 메시지 전달 인터페이스MPI, Message Passing Interface는 산업계와 학계에서 가장 많이 사용되는 병렬 프로그래밍 표준의 하나다. 5장에서는 MPI를 Python 3으로 파이에 설치하는 방법을 알아본다.

▌ 결론

4장에서는 슈퍼컴퓨팅과 관련된 몇 가지 중요한 개념과 슈퍼컴퓨터의 짧은 역사를 살펴봤다. 5장에서는 라즈베리 파이의 클러스터 노드를 설정하는 방법을 알아본다.

5장

메시지 전달 인터페이스

4장에서는 슈퍼컴퓨터의 역사와 철학을 알아봤다. 또한 슈퍼컴퓨팅과 관련된 중요한 개념을 살펴봤다. 5장은 라즈베리 파이에 필수적인 패키지와 라이브러리를 설치하는 것으로 시작할 것이다. MPI에 관한 파이썬 라이브러리인 MPI4PY를 설치하고 마지막 부분에서는 노드를 발견하기 위한 유틸리티인 nmap을 설치할 것이다.

메시지 전달 인터페이스

메시지 전달 인터페이스^{MPI, Message Passing Interface}는 MPI 포럼에서 추천한 방식에 기반을 둔 메시지 전달 라이브러리 표준이다. MPI 포럼에는 미국과 유럽에서 40개 이상의 기관이 참여하고 있다. 메시지 전달 인터페이스의 목적은 다양한 메시지 전달 프로그램을 작성하는 데 널리 이용될 메시지 전달에 대한 이식성, 효율성, 호환성 표준을 정의하는 것이다. MPI는 최초의 공급자 독립 메시지 전달 라이브러리 표준이다. MPI 표준을 사용해 메시지 전달 프로그램을 개발하는 것의 장점은 이식성, 효율성, 호환성이다. MPI가 IEEE나 ISO 표준은 아니지만 다양한 플랫폼에서 사용되는 메시지 전달 프로그램에서 사용되는 산업 표준이 됐다. 산업계에서 사용하는 다양한 플랫폼에는 고성능 컴퓨팅^{HPC, High Performance Computing}, 병렬 컴퓨터, 클러스터, 분산 시스템과 같은 것들이 존재한다. MPI 표준은 C나 C++ 혹은 포트란^{FORTRAN}으로 이식 가능한 메시지 전달 프로그램을 작성하기 위한 라이브러리 루틴의 구문과 의미를 정의한다.

MPI와 관련된 몇 가지 중요한 요소는 다음과 같다.

- MPI는 라이브러리를 위한 상세 사양이다. MPI 자체는 라이브러리가 아니다.
- MPI의 목적은 메시지 전달 표준이 실용적이여야 하며, 이식 가능해야 하고, 호환 가능해야 한다는 것이다.
- 실제 MPI 라이브러리들은 MPI 표준이 적용되는 방법에 따라 다르다.
- MPI 표준은 몇 번의 버전을 거쳤다. 가장 최신 버전은 MPI-3.2다.

 Note

MPI 포럼과 표준에 관한 더 많은 정보를 얻기 위해서는 MPI 포럼 홈페이지(www.mpi-forum.org)를 방문해 MPI 표준 문서 페이지(www.mpi-forum.org/docs/docs.html)를 살펴보라.

MPI 표준의 역사와 발전

분산 메모리 환경에서의 메시지 전달 표준에 관한 워크숍이 1992년 4월 29~30일 버지니아Virginia 주 윌리엄스버그Williamsburg에서 개최됐다. 표준 메시지 전달 인터페이스에 필수적인 기본 특징이 논의됐고, 표준화 절차를 진행할 실무 그룹이 창설됐다. 이곳에서 MPI에 관한 작업이 지속됐고, 그후 정기적으로 실무 그룹 미팅이 있었다. MPI 표준의 초안은 1993년 11월 슈퍼컴퓨팅 93 컨퍼런스에 등장했다. MPI 표준에 몇 가지 변화를 초래한 퍼블릭 코멘트[5] 기간 이후, 1994년 6월에 MPI 1.0이 배포됐다. MPI 표준화 포럼에는 미국과 유럽에서 40개 조직, 약 80명이 참여했다. 현재 MPI의 최신 버전은 MPI-3.2이며, 이 책에서는 클러스터 구축에 사용될 것이다.

MPI의 특징

MPI는 그림 5-1에 나타난 모든 노드를 연결하는 네트워크와 분산 메모리를 포함하는 분산 시스템에 최적화됐다.

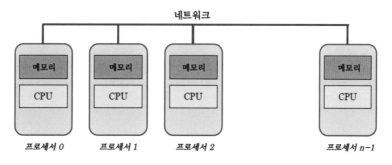

그림 5-1 분산 메모리 시스템

---

5 관계자들이 의무적으로 대중의 의견을 경청하는 것 – 옮긴이

메시지 전달 인터페이스의 특징은 다음과 같다.

- **단순성**: MPI 패러다임의 기본은 전통적인 통신 작업이다.
- **일반성**: 병렬 아키텍처에 내장된 대부분의 시스템에서 구현될 수 있다.
- **성능**: 구현은 기본 하드웨어의 속도와 일치할 수 있다.
- **확장성**: 동일한 프로그램을 변경하지 않고 대규모 시스템에 적용할 수 있다.

MPI 패러다임의 상세 내용은 MPI4PY를 코딩하는 방법을 다룰 때 살펴볼 것이다.

MPI의 구현

MPI가 라이브러리가 아니라 메시지 전달 라이브러리의 개발을 위한 표준이기 때문에 몇 가지 MPI의 구현 사례가 존재한다. 가장 대중적인 MPI 구현 사례들은 다음과 같다.

- MPICH
- MP-MPICH (MP stands for multi-platform)
- winmpich
- HP's MPI
- IBM's MPI
- SGI's MPI
- STAMPI
- OpenMPI

▌MPI4PY

MPI4PY는 'MPI for Python'의 약자다. MPI4PY는 파이썬에서 MPI 바인딩을 제공한

다. 이는 멀티 프로세서로 구성된 컴퓨터를 사용하는 어떤 파이썬 프로그램도 실행되도록 한다. 이 패키지는 MPI-1 / 2 / 3 사양 위에 구축됐다. MPI4PY는 파이썬에서 병렬 프로그래밍에게 객체지향 인터페이스를 제공한다. MPI4PY는 어떤 파이썬 객체에도 지점 간 통신point-to-point communication(전송send, 수신receive으로 구성)과 군집 통신 collective communication(방송broadcast, 분산scatter, 수집gather으로 구성)을 지원한다. 그림 5-2는 MPI4PY의 개요다.

파이썬	데이터 관리
MPI4PY	인터페이스
MPI	통신

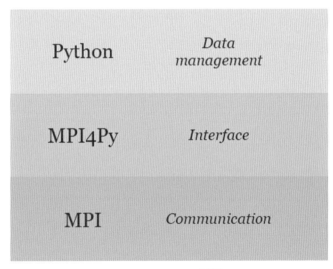

그림 5-2 MPI4PY의 철학

파이썬, MPI4PY, MPI 조합을 사용하는 이유

파이썬은 고성능 컴퓨팅에서 가장 많이 사용되는 3대 프로그래밍 언어 중 하나다.

그 밖의 두 가지 언어는 C와 포트란이다. 이미 살펴봤듯이, 파이썬 구문은 배우기 쉽다. MPI는 HPC 및 병렬 프로그래밍을 위한 사실상의 표준이다. MPI는 1994년 이래 20년 동안 잘 확립됐다. MPI4PY는 파이썬에서 MPI를 구현하는 데 있어 좋은 평가를 받고 있으며, 깔끔하고 효율적이다. MPI4PY는 대부분의 MPI-2 표준을 포함한다. 그렇기 때문에 MPI4PY를 포함한 파이썬 3을 라즈베리 파이에서 병렬 프로그래밍하기 위해 사용해야 한다.

라즈비안에서 파이썬 3을 위한 MPI4Y 설치

라즈비안에서 파이썬 3을 위해 MPI4PY를 설치하는 작업은 매우 간단하다. 사용자는 lxterminal에서 다음 명령을 실행하면 된다.

```
sudo apt-get install python3-mpi4py -y
```

파이썬 3을 위해 MPI4PY를 설치하는 데는 몇 분이 소요될 것이다. 설치 여부를 확인하려면 다음 명령어를 실행해야 한다.

```
mpirun hostname
```

이 명령은 호스트 이름인 raspberrypi를 결과로 출력해야 한다. 멀티 프로세스를 실행하기 위해 다음 명령을 실행한다.

```
mpirun -np 3 hostanme
```

결과는 다음과 같다.

```
raspberrypi
```

```
raspberrypi
raspberrypi
```

시스템에 설치된 MPI 버전을 확인하기 위해 다음 명령을 실행할 수 있다.

```
mpirun -V
```

사용자는 이런 방식으로 MPI4PY를 설치, 확인, 실행할 수 있다.

> **Note**
>
> MPI4PY에 대한 내용을 좀 더 자세히 알기 위해서는 mpirun 매뉴얼 페이지를 방문하기 바란다(www.open-mpi.org/doc/v1.8/man1/mpirun.1.php). 이 책의 후반부에서는 파이썬 3에서 mpirun을 광범위하게 사용할 것이고, 좀 더 자세히 살펴볼 것이다.

nmap의 설치

nmap은 네트워크 보안 스캐너다. nmap은 사용하고 있는 파이의 IP 주소를 찾는 데 이용된다. nmap은 6장에서 사용해볼 것이다. 지금까지 다음 명령을 사용해 nmap을 설치했다.

```
sudo apt-get install nmap
```

▎ 결론

5장에서는 MPI4PY 설치를 통해 슈퍼컴퓨팅을 위한 파이 환경을 준비했다. 6장에서는 멀티 파이를 함께 연결해 슈퍼컴퓨터를 구축해볼 것이다.

6장

슈퍼컴퓨터 구축

5장에서는 필수 라이브러리, 프레임워크, 툴 설치를 통해 슈퍼컴퓨팅을 위한 파이 환경을 준비했다. 6장에서는 멀티 파이의 네트워크를 형성하는 방법을 알아보고, 병렬 처리 환경에서 다양한 명령을 실행하기 위해 네트워크를 사용할 것이다.

▍MicroSD 카드의 백업

파이 환경을 설정하고 업데이트하고 필요한 패키지와 유틸리티를 설치하기 위해서는 MicroSD 카드의 백업을 만들어야 한다. 이 절차는 MicroSD 카드나 파이의 손상 및 분실이 발생할 경우, 백업으로 작업을 재개할 수 있기 때문에 반드시 필요하다. 라즈비안 OS가 설치될 때나 업데이트될 때에는 MicroSD 카드의 백업이 필요하다. 이외에도 프로젝트의 수행하기 위해 필요한 패키지, 툴, 유틸리티를 설치하기 전과 후에는 백업하는 것이 실패를 대비한 좋은 습관이다.

MicroSD 카드를 백업하기 위해 가장 먼저 카드를 파이에서 제거하고 SD 카드 리더를 Win32DiskImager가 설치된 윈도우 컴퓨터에 연결한다. Win32DiskImager를 열고, 백업할 폴더 경로를 선택한다. 적절한 백업 파일 이름을 입력하고, 끝부분에 .img나 .IMG 확장자를 추가한다. 원본 저장 디스크^{raw storage disk} 이미지는 .img나 .IMG 확장자를 사용한다(그림 6-1).

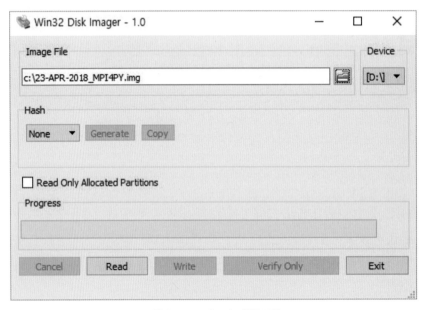

그림 6-1 MicroSD 카드 백업 예시

그리고 Read 버튼을 클릭한다. 백업이 완료되면 그림 6-2와 같은 대화상자가 나타난다.

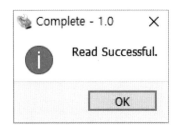

그림 6-2 완료된 백업

이제 설치된 라즈비안 OS와 MPICH와 MPI4PY의 업데이트 버전 이미지 파일이 하드 드라이브에 설치된다. 이 이미지 파일은 슈퍼컴퓨터의 노드 리셋을 위한 다른 MicroSD 카드 준비에 사용될 수 있다. 이를 위해 작성된 이미지 파일을 Win32DiskImager를 이용해 다른 MicroSD 카드에 쓴다.

▌슈퍼컴퓨터의 노드 준비

이전 절에서 준비한 OS 이미지를 사용하면 슈퍼컴퓨터의 다른 노드를 준비할 수 있다. Win32DiskImager를 이용해 다른 MicroSD 카드에 OS 이미지를 덮어쓰도록 한다. 일단 MicroSD 카드가 준비되면 파이에 카드를 삽입한다. 각 파이에는 유일한 호스트 이름이 필요하다. raspi-config 명령을 사용하면 파이의 호스트 이름을 바꿀 수 있다. Network Option → N1 Hostname을 선택한다. 그림 6-3과 같이 호스트 이름을 변경한다.

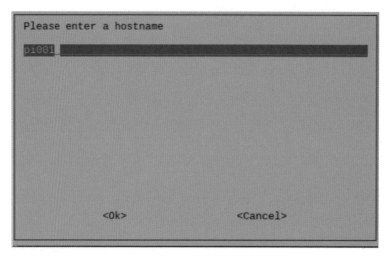

그림 6-3 호스트 이름 변경

일단 호스트 이름이 변경되면, lxterminal에서 프롬프트는 그림 6-4와 같은 스크린 샷을 나타낸다.

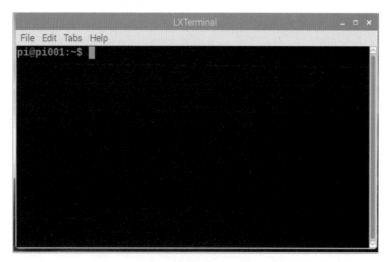

그림 6-4 호스트 이름 변경 후, lxterminal 프롬프트

그림 6-4에서 볼 수 있듯이, 프롬프트와 lxterminal 창에서 호스트 이름 raspberrypi 가 pi001로 대체된다.

다른 파이에서도 이와 동일한 절차를 수행한다. 호스트 이름은 pi002, pi003, … 등 이다.

▋ 파이들의 네트워크

이제 조금 까다로운 부분이다. 파이로 네트워크를 구성하는 방법은 많을 수 있다. 선택은 이용할 수 있는 인프라와 예산에 의존한다. 번거로움 없이 네트워크를 구성하는 몇 가지 방법을 살펴보자.

DHCP를 사용하는 LAN

이 옵션은 네트워크 스위치와 와이파이 라우터 관리에 이용한다. 관리 대상 스위치나 와이파이 라우터의 관리 콘솔management console에 접근한다. 관리 콘솔에 로그인하면, DHCP 주소의 범위를 설정하는 옵션이 있을 것이다. 옵션의 범위를 추가할 장치 수만큼 수정한다.

와이파이 라우터에서 관리 콘솔은 주로 웹 페이지다. 와이파이에 연결한 후, IP 주소를 브라우저에 입력하면 관리 콘솔에 접근할 수 있다. 일반적으로 사용자 이름과 암호의 형태로 인증을 받는다. 사용자 이름과 암호는 와이파이 라우터 매뉴얼에 존재한다. 모든 와이파이 라우터는 그림 6-5에 보이는 것과 같이 유선 LAN을 위한 이더넷 포트를 가진다.

그림 6-5 와이파이 라우터의 뒷면(출처: https://www.flickr.com/photos/smemon/)

자동 IP 주소 할당 방식으로 LAN과 DHCP에 연결하기 위해 /etc/network/
interfaces에 있는 네트워크 설정을 업데이트한다. 다음은 /etc/network/
interfaces 파일 예제다.

```
source-directory /etc/network/interfaces.d

auto lo
iface lo inet loopback

auto eth0
iface eth0 inet dhcp
```

와이파이 네트워크

파이 3 이전 모델에는 USB 와이파이 어댑터가 필요하다. 와이파이 라우터와 다수의
파이 3을 갖고 네트워크를 구성하는 것이 가장 좋은 방법이다. 파이 3보다 이전 모
델을 갖고 있다면, USB 와이파이 어댑터를 구매해야 한다. USB 와이파이 어댑터를
장착한 파이 모델을 준비한 후, 와이파이에 자동으로 연결하기 위해 /etc/network/

interfaces에 있는 네트워크 설정을 업데이트한다.

다음은 /etc/network/interfaces 파일의 한 예다.

```
source-directory /etc/network/interfaces.d

auto lo
iface lo inet loopback

auto wlan0
iface wlan0 inet dhcp
wpa-ssid "ASHWIN"
wpa-psk "internet"
```

ASHWIN와 internet을 각각 사용자 와이파이 네트워크의 ssid와 패스워드로 교체한다.

정적 IP 주소를 사용하는 LAN

모든 관리 대상 네트워크 스위치와 라우터는 정적 IP 주소를 위한 범위를 가진다. 클러스터의 노드들을 위한 몇 가지 주소를 선택하고 /etc/network/interfaces 파일을 업데이트한다. 관리 대상 네트워크 스위치나 와이파이 라우터의 IP 주소를 게이트웨이 값으로 사용한다.

저가의 "관리되지 않는" 네트워크 스위치를 사용하는 것이 가장 저렴한 방법일 것이다. 여기서 "관리되지 않는다"는 관리를 위한 관리 콘솔이 존재하지 않는다는 것을 의미한다. 파이를 이더넷 케이블로 스위치에 연결하고 /etc/network/interfaces 파일을 다음과 같이 업데이트한다.

```
source-directory /etc/network/interfaces.d

auto lo
iface lo inet loopback

auto eth0
iface eth0 inet static

# 사용자 정적(static) IP
address 192.168.0.2

# 사용자 게이트웨이 IP
gateway 192.168.0.1
netmask 255.255.255.0

# 사용자 네트워크 주소군(family)
network 192.168.0.0
broadcast 192.168.0.255
```

모든 파이의 네트워크 설정은 IP 주소를 제외하고 위와 동일할 것이다. IP 주소들은 모두 개별 주소를 가질 것이다. 또한 스위치가 관리되지 않으므로 게이트웨이에 동일한 값을 사용해 수동으로 IP 주소를 할당할 것이다(위 예의 경우, 192.168.0.1에 해당한다). 게이트웨이의 값은 모든 파이에서 동일해야 한다.

네트워크 설정을 변경한 후 파이를 재부팅한다.

다음은 몇 가지 저가의 "관리되지 않는" 스위치 제품의 페이지다.

- www.dlink.ru/mn/products/1
- www.dlink.lt/en/products/1/1857.html
- www.dlink.ru/mn/products/1/2110.html

▍파이의 IP 주소를 찾기 위한 nmap의 활용

네트워크 타입(이더넷 혹은 와이파이)과 IP 주소 할당 방식(정적 혹은 동적)에 관계없이 클러스터로 파이 네트워크를 사용하기 위해서는 네트워크상에 존재하는 모든 파이의 IP 주소를 알 필요가 있다. 5장에서는 nmap 유틸리티를 설치했다. 이제 네트워크 내에 파이들의 IP 주소를 찾기 위해 nmap을 사용할 것이다.

모니터, 키보드, 마우스를 pi001에 연결한다. pi001을 마스터 노드로 사용하고 슈퍼컴퓨터를 위한 명령과 병렬 프로그램을 수행하기 위해 pi001의 lxterminal을 사용한다.

모든 파이를 네트워크에 연결한다. 어떤 디스플레이나 I/O 장치를 다른 파이에 연결할 필요는 없다.

모든 파이를 부팅한다. 부팅이 완료되면, nmap으로 네트워크를 스캔한다. 다음은 네트워크를 스캔하기 위한 명령이다.

```
sudo nmap -sn 192.168.0.*
```

위 명령에서 192.168.0.*의 처음 세 바이트는 사용자 네트워크의 IP 주소에 해당한다. 그 세 바이트를 사용자 네트워크 식별자로 바꾸고 pi001의 lxterminal에서 명령어를 실행한다.

결과는 다음과 같을 것이다.

```
Starting Nmap 6.47( http://nmap.org ) at 2016-09-15 18:02 IST
mass_dns: warning: Unable to determine any DNS servers. Reverse DNS is
disabled.\
Try using --system-dns or specify valid servers with --dns-servers
Nmap scan report for 192.168.0.2
Host is up(0.0020s latency).
```

```
Nmap scan report for 192.168.0.3
Host is up(0.0018s latency).
Nmap scan report for 192.168.0.4
Host is up(0.0016s latency).
Nmap scan report for 192.168.0.5
Host is up(0.0014s latency).
Nmap done: 256 IP addresses(4 hosts up) scanned in 2.70 seconds
```

네트워크 내 모든 라즈베리 파이의 IP 주소를 작성한다. 이 경우, IP 주소들은 192.168.0.2, 192.168.0.3, 192.168.0.4, 192.168.0.5다.

▌ mpirun으로 멀티 파이에서 호스트 이름 명령어 실행

다음 명령을 실행함으로써 pi001에서 /home/pi를 탐색한다.

```
cd ~
```

myhostfile이라는 이름으로 새로운 파일을 작성한다. 이전에 작성했던 모든 IP를 다음과 같이 myhostfile에 추가한다.[6]

```
192.168.0.2
192.168.0.3
192.168.0.4
192.168.0.5
```

---

6 myhostfile을 생성한 후, 다른 파이에도 /home/pi 위치에 복사할 것 – 옮긴이

이제 다음 명령어를 실행한다.

```
mpirun -hostfile myhostfile -np 4 hostname
```

오류가 존재하는 출력이 나타날 것이고, myhostfile 파일에 나열된 모든 호스트에서 hostname 명령이 실행되지 않을 것이다.

이는 인증 없이 원격으로 pi001에서 pi002, pi003, pi004에게 명령을 실행하려고 하기 때문이다.

자동 인증을 위한 ssh-keygen 키 교환

ssh-keygen 유틸리티는 인증 키를 생성하기 위해 이용된다. 어떤 2개의 리눅스 컴퓨터 간에 인증을 설정하기 위해서는 다음 단계가 필요하다.

1. ssh-keygen를 사용해 두 호스트를 위한 키 생성
2. 호스트 간에 키를 원격으로 복사함으로써 호스트 간 키 교환
3. 인증된 호스트 목록에 키 추가

일단 이 단계까지 수행되면, 다음 단계를 패스워드 없이 수행할 수 있다. 키 교환 후에는 패스워드를 다시 입력한다는 메시지가 표시되지 않기 때문이다.

1. 원격 호스트에 로그인한다.
2. 원격 호스트에서 셸^{shell} 명령어를 실행한다.

셸 스크립트에서 ssh 명령을 사용하면 원격 호스트에서 작업을 자동화할 수 있다. pi001을 마스터 노드로 사용하므로 다른 노드에서 pi001의 명령을 원격으로 실행하거나 그 반대로 실행한다. 4개의 노드로 구성된 클러스터를 설정했으므로 키 교환을 위한 호스트 쌍은 (pi001, pi002), (pi001, pi003) 및 (pi001, pi004)다.

키를 교환해보자. lxterminal을 열고 pi001의 홈 디렉터리로 이동한다.

```
cd ~
```

키를 생성하기 위해 ssh-keygen 명령을 실행한다. 입력이 필요한 매 순간 Enter를 누른다. 다음은 lxterminal에서의 결과다.

```
Generating public/private rsa key pair.
Enter file in which to save the key(/home/pi/.ssh/id_rsa):
Enter passphrase(empty for no passphrase):
Enter same passphrase again:
Your identification has been saved in /home/pi/.ssh/id_rsa.
Your public key has been saved in /home/pi/.ssh/id_rsa.pub.
The key fingerprint is:
03:bc:3f:5a:28:88:b7:ac:6c:50:f0:81:5e:f9:6d:5f pi@pi001
The key's randomart image is:
+---[RSA 2048]----+
|  . .  |
|o .o . |
|.o... + |
| .o . = E |
| . o S . |
|.. . o o |
|o o . . + |
|.+ . . o . |
|ooo . |
+-----------------+
```

매 순간 생성된 키가 다르기 때문에 명령 프롬프트에서 표시된 이미지가 그때마다 다르다는 것에 주목한다.

위 명령을 실행하면 파이의 홈 디렉터리에 숨겨진 디렉터리인 .ssh를 생성한다.

.ssh로 이동한다.

```
cd .ssh
```

다음과 같이 ls 명령을 사용해 .ssh 디렉터리의 내용을 확인한다.

```
pi@pi001:~/.ssh $ ls
id_rsa id_rsa.pub
```

위 결과에서 id_rsa와 id_rsa.pub는 각각 호스트 pi001에 대한 개인 키private key와 공개 키public key다. 공개 키를 원격으로 로그인하고 명령을 실행할 호스트에 복사해야 한다.

작성된 것을 유지하기 위해 공개 키 id_rsa.pub를 새로운 파일 pi01에 복사한다.

```
cp id_rsa.pub pi01
```

인증 없이 원격으로 접속하기 위해서는 이 pi01 파일 내용을 다른 호스트의 authorized_keys 파일에 추가할 필요가 있다. 이제 다음 명령으로 pi002에 로그인한다.

```
ssh pi@192.168.0.3
```

pi002의 패스워드를 묻는 메시지가 나타난다. pi001에서 수행했던 것과 같이 공개 키를 생성하기 위해 pi002에서 다음 명령을 실행한다.

```
ssh-keygen
cd .ssh
```

```
cp id_rsa.pub pi02
```

이제 scp를 사용해 pi001의 공개 키를 pi002에 복사할 필요가 있다.

```
scp 192.168.0.2:/home/pi/.ssh/pi01 .
```

다음 명령을 실행해 pi001의 내용을 authorized_keys에 추가한다.

```
cat pi01>>authorized_keys
```

마지막으로 logout 명령어를 사용해 pi002에서 로그아웃한다.

pi003에서도 동일한 단계를 따라야 한다.

pi003에 로그인한다.

```
ssh pi@192.168.0.4
```

pi003에서 다음 순서로 명령을 실행한다.

```
ssh-keygen
cd .ssh
cp id_rsa.pub pi03
scp 192.168.0.2:/home/pi/.ssh/pi01 .
cat pi01>>authorized_keys
logout
```

pi004에서도 동일한 단계를 따라야 한다.

pi004에 로그인한다.

```
ssh pi@192.168.0.5
```

pi004에서 다음 순서로 명령을 실행한다.

```
ssh-keygen
cd .ssh
cp id_rsa.pub pi04
scp 192.168.0.2:/home/pi/.ssh/pi01 .
cat pi01>>authorized_keys
logout
```

pi001에서 다음 명령을 실행해 pi002, pi003 및 pi004의 공개 키를 pi001에 복사한다.

```
cd /home/pi/.ssh
scp 192.168.0.3:/home/pi/.ssh/pi02 .
scp 192.168.0.4:/home/pi/.ssh/pi03 .
scp 192.168.0.5:/home/pi/.ssh/pi04 .
```

pi001의 인증 키 목록에 이런 공개 키를 추가하기 위해 다음 명령을 실행한다.

```
cat pi02>>authorized_keys
cat pi03>>authorized_keys
cat pi04>>authorized_keys
```

클러스터 설정이 완료됐다. 설정을 테스트하기 위해 pi001에서 다음 명령을 실행한다.

```
mpirun -hostfile myhostfile -np 4 hostname
```

위 명령의 결과는 다음과 같아야 한다.

```
pi001
pi002
pi003
pi004
```

미니 슈퍼컴퓨터 클러스터를 구축했다. 다음 절에서는 멋진 스택으로 클러스터를 구축하는 방법을 살펴본다.

▎ 클러스터에서 파이의 조직

최초 클러스터를 구축할 때, 커스텀 아크릴 상자를 만든다고 생각했지만, 비용이 예산을 초과했다. 또한 3D 프린팅으로 클러스터를 위한 커스텀 상자를 만들려고 했지만, 3D 인쇄 계약자는 천문학적인 금액을 요구했다. 그래서 클러스터에서 파이를 조직하는 비용 절감 방법을 시도하기로 했다. 파이 스택을 생성하기 위해 M3 헥스 스탠드오프 스페이서^{M3 Hex standoff spacers}를 사용했다. 이를 위해서는 male-to-female과 female-to-female 두 가지 종류의 스탠드오프가 필요하다. 이제 스택을 만들기 위해 이것들을 사용할 것이다. 라즈베리 파이 PCB들 간의 간섭을 회피하기 위한 스탠드오프의 길이는 적어도 25mm 이상이어야 한다.

> **Note**
>
> 구글에서 M3 Hex standoff spacers를 검색한다.

4개의 male-to-female 스탠드오프를 파이에 부착한다(그림 6-6).

그림 6-6 파이에 부착된 male-to-female 스탠드오프

4개의 female-to-female 스탠드오프를 파이의 바닥에 부착한다(그림 6-7).

그림 6-7 파이의 바닥에 부착된 female-to-female 스탠드오프

이제 두 번째 파이를 부착한다(그림 6-8).

그림 6-8 스택에 추가된 두 번째 파이

마지막으로 남아 있는 두 파이를 클러스터에 추가하면, 클러스터 스택은 그림 6-9의
모습과 같다.

그림 6-9 라즈베리 파이 슈퍼컴퓨터 스택

▌ 결론

6장에서는 저비용 슈퍼컴퓨터를 구축하기 위해 몇 개의 파이를 함께 연결하는 방법을 알아봤다. 또한 간단한 스택으로 클러스터를 조직하기 위한 방법을 살펴봤다. 7장에서는 추가 비용 없이 클러스터에서 파이의 연산 능력을 향상시키기 위해 다양한 파이 모델들을 오버클럭하는 방법을 알아본다.

7장

라즈베리 파이 오버클럭킹

7장에서는 라즈베리 파이의 다양한 요소를 오버클럭킹^{overclocking}함으로써 여러 라즈베리 파이 모델들의 연산 능력을 향상시키는 방법을 알아본다. raspi-config를 통해 오버클럭하는 방법과 config.txt의 내용을 변경하는 방법을 살펴볼 것이다.

오버클럭킹은 컴퓨터 하드웨어 부품이 제조업체가 인증한 것보다 더 빠르게 동작하게 구성하는 것을 의미한다. 하드웨어 부품이 작동하는 속도는 주로 MHz, GHz 등과 같은 클럭 주파수의 관점에서 지정된다. 일반적으로 오버클럭된 구성 요소는 그 동작 전압 역시 높아지므로 가속된 속도로 구성 요소의 작동 안정성을 유지하는 데 도움이 된다. 그러나 오버클럭킹의 단점은 주어진 반도체 디바이스가 더 높은 주파수와 전압으로 스톡 설정^{stock settings}보다 많은 열을 발생시키고 소멸되므로 대부분의 오버클럭킹 시도는 전력 소비와 열 방출을 증가시킨다는 것이다. 오버클럭된 구성 요소의 증가된 열 발산을 완화하기 위해 일반적으로 방열판 및 냉각 시스템을 설치한다.

라즈베리 파이 오버클럭킹의 기본 사항부터 알아보자. 7장에서는 수동 방열판heatsink을 설치하는 방법과 다양한 라즈베리 파이 모델을 오버클럭킹하는 방법을 상세히 알아본다.

라즈베리 파이 오버클럭킹의 위험성

라즈베리 파이 오버클럭킹은 사용자가 라즈베리 파이의 최대 성능을 사용할 수 있도록 한다. 하지만 오버클럭킹의 위험성을 이해하지 않고 라즈베리 파이를 오버클럭킹해서는 안 된다. 사용자가 감수해야 할 것을 이해하는 것이 매우 중요하다. 반드시 알아야 할 오버클럭킹의 위험성은 다음과 같다.

- **수명 감소**: 구성 요소들이 더 빨리 고장 날 수 있다.
- **열 발생**: 더 높은 속도로 작동하기 때문에 더 많은 열이 발생하고 소멸된다.
- **파일 손상**: 최적화되지 않은 오버클럭킹 설정 시 파일이 손상될 수 있다.
- **보증 무효**: 구성 요소의 강제 과전압은 보증받을 수 없다.

파이에 방열판 설치

방열판은 원치 않는 과도한 열을 흡수하기 위한 장치나 물질이다. 파이 오버클럭킹을 계획하고 있다면, 프로세스, RAM, GPU 표면에 방열판을 설치할 것을 권장한다.

대부분의 방열판에는 접착 스티커가 붙어 있다. 이 스티커는 파이의 칩 표면에 방열판을 부착하기 위해 사용한다. 대부분의 사람은 라즈베리 파이로 작업할 때 수동 방열판을 사용한다. 수냉 및 라디에이터와 같은 고성능의 능동 열 방출 메커니즘은 라즈베리 파이에 불필요하다.

방열판의 구매

많은 유통업체는 방열판을 온라인으로 판매한다. 구글에서 '라즈베리 파이 방열판 raspberry pi heatsink'이라는 키워드로 많은 제품을 찾을 수 있다. 다음은 방열판을 판매하는 유통업체의 웹 사이트 링크들이다.

- www.sparkfun.com/products/121
- www.adafruit.com/categories/151
- https://shop.pimoroni.com/products/heatsink
- www.modmypi.com/raspberry-pi/accessories/heat-sinks-andcooling/raspberry-pi-heat-sink-kit-black

▌raspi-config를 이용한 파이의 오버클럭킹

raspi-config 툴의 overclock 옵션을 사용하면 파이를 오버클럭킹할 수 있다.

그림 7-1은 파이 B와 파이 B+에서 overclock 옵션의 스크린샷이다.

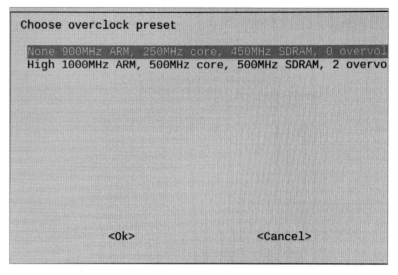

```
Choose overclock preset

None    700MHz ARM, 250MHz core, 400MHz SDRAM, 0 overvo
Modest  800MHz ARM, 250MHz core, 400MHz SDRAM, 0 overvo
Medium  900MHz ARM, 250MHz core, 450MHz SDRAM, 2 overvo
High    950MHz ARM, 250MHz core, 450MHz SDRAM, 6 overvo
Turbo  1000MHz ARM, 500MHz core, 600MHz SDRAM, 6 overv|



                <Ok>                    <Cancel>
```

그림 7-1 파이 B와 파이 B+에서 overclock 옵션

그림 7-2는 파이 2에서 overclock 옵션의 스크린샷이다.

```
Choose overclock preset

None 900MHz ARM, 250MHz core, 450MHz SDRAM, 0 overvol
High 1000MHz ARM, 500MHz core, 500MHz SDRAM, 2 overvo



                <Ok>                    <Cancel>
```

그림 7-2 파이 2에서 overclock 옵션

/boot/config.txt를 이용한 파이의 오버클럭킹

이전 절에서는 raspi-config를 이용해 파이를 오버클럭킹하는 방법을 알아봤다. 하지만 오버클럭될 파이의 미세 조정을 허용하지 않는다. 수동으로 /boot/config.txt에 몇 가지 파라미터들을 변경함으로써 파이를 오버클럭킹하는 또 다른 방법이 존재한다.

/boot/config.txt 내의 옵션

사용자는 /boot/config.txt 내에 옵션을 추가하거나 변경할 수 있다. raspi-config 도구를 사용해 오버클럭킹 및 메모리 분할을 수행한 경우, /boot/config.txt 파일에는 이미 많은 옵션이 존재한다.

- arm_freq: MHz 단위의 ARM core 주파수
- core_freq: MHz 단위의 GPU processor core 주파수
- h264_freq: MHz 단위의 hardware video block 주파수
- isp_freq: MHz 단위의 image sensor pipeline block 주파수
- v3d_freq: MHz 단위의 3D block 주파수
- avoid_pwm_pll: PWM 오디오에 PLL을 할당하면 pll은 아날로그 오디오의 품질을 일부 저하시킨다. 예비 PLL을 사용하면 core_freq를 나머지 GPU와 독립적으로 설정할 수 있으므로 오버클럭킹을 보다 잘 제어할 수 있다.
- dram_freq: MHz 단위의 SDRAM 주파수
- over_voltage: ARM/GPU core 전압 조정
- over_voltage_sdram_c: SDRAM controller 전압 조정
- over_voltage_sdram_i: SDRAM I/O 전압 조정
- over_voltage_sdram_p: SDRAM phy 전압 조정
- force_turbo: 동적 cpufreq 드라이버와 최소 설정을 비활성화한다. H.264 / V3D / ISP 오버클럭 옵션을 활성화한다. 보장된 비트를 설정할 수 있다.

- temp_limit: 과열 보호. SoC가 이 섭씨 온도값에 도달하면 클럭과 전압을 기본값으로 설정한다. 이 값을 기본 보증 무효값보다 높게 설정한다.
- gpu_mem: Megabyte 단위의 GPU 메모리. ARM과 GPU 간의 메모리 분할을 설정한다. ARM은 남아 있는 메모리를 확보한다. raspi-config를 사용해 이 값이 이미 설정돼 있다면 설정할 필요가 없다.

▌다양한 파이 모델에 대한 /boot/config.txt 옵션

모든 파이는 고유하다. 파이를 오버클럭킹하기 위한 /boot/config.txt의 옵션 값은 개별 파이에 따라 커스터마이즈돼야 한다. 이 옵션에는 모든 파이에 가장 적절한 값 세트가 없다. 시행착오를 거쳐 이러한 사실을 알게 됐다. 오버클로킹 옵션에서 설정한 값이 최적이 아닌 경우, 파이는 불안정하거나 전혀 부팅되지 않는다. 이런 경우, 다른 컴퓨터를 사용해 MicroSD 카드의 config.txt에 오버클럭킹 옵션 값을 변경한 후, 동일한 카드로 파이를 부팅할 수 있다. 파이가 안정되고 최적의 값을 얻을 때까지 시도한다. 일반적으로 어떤 타입의 하드웨어(예: CPU 및 RAM)의 경우, 오버클럭 설정은 개별 IC에 따라 다르다.

위의 옵션에 대한 자세한 설명은 eLinux RPi 구성 페이지에서 찾을 수 있다(http://elinux.org/RPiconfig).

파이 B와 파이 B+를 위한 옵션

다음은 파이 B와 파이 B+를 위한 오버클럭킹 옵션 값이다.

```
arm_freq=950
core_freq=450
sdram_freq=500
```

```
gpu_mem=16
```

파이 2를 위한 옵션

다음은 파이 2를 위한 오버클럭킹 옵션 값이다.

```
arm_freq=1100
over_voltage=4
core_freq=550
sdram_freq=483
over_voltage_sdram_p=0
over_voltage_sdram_i=0
over_voltage_sdram_c=0
gpu_mem=16
force_turbo=1
avoid_pwm_pll=1
v3d_freq=450
h264_freq=0
isp_freq=0
avoid_safe_mode=1
```

파이 3을 위한 옵션

다음은 파이 3을 위한 오버클럭킹 옵션 값이다.

```
arm_freq=1350
over_voltage=6
temp_limit=80
core_freq=500
h264_freq=333
avoid_pwm_pll=1
```

```
gpu_mem=450
v3d_freq=550
sdram_freq=588
sdram_schmoo=0x02000020
over_voltage_sdram_p=6
over_voltage_sdram_i=4
over_voltage_sdram_c=4
force_turbo=1
```

위에 나열된 값으로 파이가 부팅되지 않거나 불안정하다면, 최적의 설정을 얻기 위해 값을 조절해보라.

안정적인 오버클럭을 위한 모든 동작 설정을 다룰 수는 없다. 오버클럭킹에 관련된 더 많은 정보를 얻기 위해서는 다음 웹 링크를 살펴보라.

http://linuxonflash.blogspot.in/2015/02/a-look-at-raspberry-pi-2-performance.html

https://github.com/retropie/retropie-setup/wiki/Overclocking

오버클럭킹 이후, 프로세서 속도를 확인하기 위해 모든 모델에서 사용할 수 있는 cat /proc/cpuinfo 명령을 사용한다.

 Note

> 오버클럭된 파이의 MicroSD 카드를 그 외 파이에 삽입해서는 안 된다. 모든 하드웨어 부품은 고유한 오버클럭킹 설정을 가진다는 것을 기억하라. 오버클럭된 파이의 MicroSD 카드를 그 외 파이에 사용하고 싶다면, /boot/config.txt의 오버클럭 설정을 비활성화하고 사용해야 한다.

미니 슈퍼컴퓨터 클러스터를 구축하기 위해 사용하려는 모든 라즈베리 파이를 오버클럭킹한다. 오버클럭킹은 런타임에서 개별 파이와 클러스터의 전반적인 성능을 향상시킬 것이다.

▌ 결론

7장에서는 다양한 라즈베리 파이 모델을 오버클럭킹하는 방법을 알아봤다. 8장부터는 구축한 클러스터의 계산 능력을 활용하는 방법을 배울 것이다. MPI 및 병렬 프로그래밍 개념의 설명하기 위해 코드를 파이썬 3에서 MPI4PY로 작성할 것이다.

8장

파이썬 3에서
병렬 프로그래밍

7장에서는 연산 능력을 향상시키기 위해 다양한 라즈베리 파이 모델을 오버클럭킹하는 방법을 알아봤다. 8장에서는 파이썬과 MPI4PY로 병렬 프로그램을 작성하는 방법을 살펴볼 것이다. 파이썬을 선호하는 이유는 코드가 단순하기 때문이다. 8장에서는 MPI 개념을 탐구하고, 파이썬과 MPI4PY로 MPI를 구현할 것이다. 8장에서 구현해볼 MPI 개념은 다음과 같다.

- MPI 랭크rank 및 프로세스
- 데이터 송수신sending & receiving
- 데이터 태깅tagging
- 데이터 브로드캐스팅broadcasting

- 데이터 분산 및 수집

▌MPI4PY의 기초

이 책의 앞에서 몇 가지 MPI 개념을 살펴봤다. 8장에서는 몇 가지를 더 알아보자.

MPI는 단일 프로그램 다중 데이터^{SPMD, Single-Program Multiple-Data} 개념을 사용한다. 다음은 SPMD 아키텍처의 핵심 사항이다.

- 모든 프로세스(랭크라고 함)는 동일한 코드를 실행하며, 각 프로세스는 다른 데이터 영역에 접근한다.
- 모든 프로세스는 동시에 실행된다.

병렬 프로그램은 랭크라는 개별 프로세스로 분해된다. 각 랭크는 고유한 주소 공간을 가지므로 데이터를 랭크에 따라 분할해야 한다. 각 랭크는 프로그램 데이터의 일부를 자체 메모리에 보유한다. 랭크에는 번호가 0에서 n-1까지 순차적으로 매겨진다. 다음 다이어그램(그림 8-1)은 동시에 실행되는 여러 랭크를 보여준다.

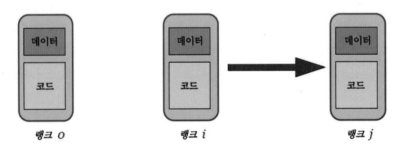

그림 8-1 동시에 실행되는 멀티 랭크

다음 절에서는 랭크를 가진 기본 프로그램을 살펴본다.

❚ MPI4PY로 시작

MPI4PY를 설치한 파이썬에서 간단한 Hello World! 프로그램을 시작해보자.

예제 8-1 prog01.py

```
from mpi4py import MPI
import sys

comm = MPI.COMM_WORLD
name = MPI.Get_processor_name()

sys.stdout.write("Hello World!")
sys.stdout.write(" Name: %s, My rank is %d\n" %(name, comm.rank))
```

위 코드에서 from mpi4py import MPI 구문은 필요한 MPI4PY 라이브러리를 가져온다. 6장에서는 MPI에서 커뮤니케이터communicator의 개념을 알아봤다. MPI.COMM_WORLD는 커뮤니케이터다. 커뮤니케이터는 클러스터 프로세스에서 실행 중인 프로세스 간의 모든 MPI 통신에 사용된다. Get_processor_name()은 현재 프로세스가 실행 중인 호스트 이름을 반환한다. comm.rank는 현재 프로세스의 랭크다. 그림 8-2는 COMM_WORLD를 나타낸다.

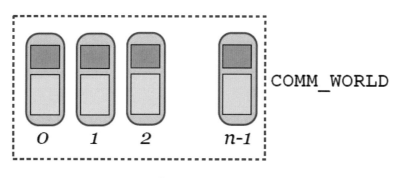

그림 8-2 COMM_WORLD

콘솔을 출력하기 위해 sys.stdout.write( )를 사용하고 있음을 눈치 챘을지도 모른다. 이것은 파이썬의 두 인터프리터인 파이썬(파이썬 2의 인터프리터)과 파이썬 3 모두에서 코드가 호환되길 원하기 때문이다. 이 책에서는 어느 인터프리터에만 한정된 특징이나 프로그래밍 구조를 사용하지 않을 것이다. 따라서 두 인터프리터 모두를 사용해 코드를 실행할 수 있다.

8장에서 코딩을 시작했고, 9장에는 더 많은 코드 샘플과 예제가 있다. 따라서 별도의 디렉터리에 코드와 데이터를 분류하는 것이 좋다. lxterminal에서 다음 명령을 하나씩 실행해보라.

```
mpirun -hostfile myhostfile -np 4 mkdir /home/pi/book
mpirun -hostfile myhostfile -np 4 mkdir /home/pi/book/code
mpirun -hostfile myhostfile -np 4 mkdir /home/pi/book/code/chapter08
```

이 코드는 미니 슈퍼컴퓨터의 모든 노드에 동일한 디렉터리 구조를 생성할 것이다. 이제 위 코드를 ~/book/code/chapter08 디렉터리의 prog01.py라는 파일에 저장한다. 다음과 같이 코드 파일을 scp를 사용해 모든 노드에 존재하는 ~/book/code/chapter08 디렉터리에 복사한다.

```
scp book/code/chapter08/prog01.py 192.168.0.2:/home/pi/book/code/chapter08/
scp book/code/chapter08/prog01.py 192.168.0.3:/home/pi/book/code/chapter08/
scp book/code/chapter08/prog01.py 192.168.0.4:/home/pi/book/code/chapter08/
```

마지막으로 다음과 같이 프로그램을 pi001에서 mpirun으로 실행한다.

```
mpirun -hostfile myhostfile -np 4 python3 ~/book/code/chapter08/prog01.py
```

다음과 같은 결과가 나타날 것이다.

```
Hello World! Name: pi001, My rank is 0
Hello World! Name: pi002, My rank is 1
Hello World! Name: pi004, My rank is 3
Hello World! Name: pi003, My rank is 2
```

8장의 나머지에서 다룰 그 밖의 모든 코드 예제에서도 이와 동일한 단계를 거쳐야 한다. 간단히 요약해보면, chapter08의 디렉터리에 파이썬 코드 파일을 생성한 후, 생성된 파일을 클러스터의 모든 노드에 존재하는 chapter08 디렉터리에 복사한다. 마지막으로 파이썬 인터프리터에 mpirun 명령어를 입력해 코드를 실행한다.

▌조건문

예제 8-2와 같이 MPI4PY에서 조건문을 사용할 수 있다.

예제 8-2 prog02.py

```
from mpi4py import MPI
import sys

comm = MPI.COMM_WORLD
sys.stdout.write("My rank is: %d\n" %(comm.rank))

if comm.rank == 0:
    sys.stdout.write("Doing the task of Rank 0\n")
if comm.rank == 1:
    sys.stdout.write("Doing the task of Rank 1\n")
```

이 코드에서는 프로세스 랭크가 1인지를 확인한 후, 콘솔에 더 많은 메시지를 출력하고 있다. 다음과 같이 프로그램을 mpirun으로 실행한다.

```
mpirun -hostfile myhostfile -np 4 python3 ~/book/code/chapter08/prog02.py
```

위 예제 8-2 프로그램의 실행 결과는 다음과 같다.

```
My rank is: 0
Doing the task of Rank 0
My rank is: 1
Doing the task of Rank 1
My rank is: 3
My rank is: 2
```

▌ 프로세스 개수 확인

MPI 프로세스의 랭크와 개수 표시하기 위해 다음 코드를 작성하자.

예제 8-3 prog03.py

```python
from mpi4py import MPI
import sys

comm = MPI.COMM_WORLD
rank = comm.rank
size = comm.size

sys.stdout.write("Rank: %d," %rank)
sys.stdout.write(" Process Count: %d\n" %size)
```

위 코드에서 comm.size는 클러스터에서 실행 중인 MPI 프로세스의 개수를 제공한다. 다음과 같이 코드를 mpirun으로 실행한다.

```
mpirun -hostfile myhostfile -np 4 python3 ~/book/code/chapter08/prog03.py
```

출력 결과는 다음과 같다.

```
Rank: 0, Process Count: 4
Rank: 1, Process Count: 4
Rank: 2, Process Count: 4
Rank: 3, Process Count: 4
```

▌데이터의 송수신

프로세스 간에 데이터를 전송하기 위해 send( )와 receive( )를 사용하는 것은 프로세스 통신에서 가장 간단한 형태다. 이 형태를 이용하면 일대일 통신을 수행할 수 있다. 그림 8-3은 이를 명확히 설명한다.

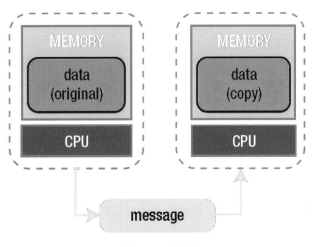

그림 8-3 1대1 통신

코드 예제를 살펴보자(예제 8-4).

예제 8-4 prog04.py

```python
from mpi4py import MPI
import time
import sys


comm = MPI.COMM_WORLD

rank = comm.rank
size = comm.size
name = MPI.Get_processor_name()


shared = 3.14

if rank == 0:
    data = shared
    comm.send(data, dest=1)
    comm.send(data, dest=2)
    sys.stdout.write("From rank %s, we sent %f\n" %(name, data))
    time.sleep(5)

elif rank == 1:
    data = comm.recv(source=0)
    sys.stdout.write("On rank %s, we received %f\n" %(name, data))

elif rank == 2:
    data = comm.recv(source=0)
    sys.stdout.write("On rank %s, we received %f\n" %(name, data))
```

위 코드 예제에서는 랭크 0인 프로세스에서 데이터를 송신하고 있다. 랭크 1과 2 프로세스는 데이터를 수신하고 있다. 프로그램을 실행해보자.

```
mpirun -hostfile myhostfile -np 4 python3 ~/book/code/chapter08/prog04.py
```

위 프로그램의 결과는 다음과 같다.

```
On rank pi002, we received 3.140000
On rank pi003, we received 3.140000
From rank pi001, we sent 3.140000
```

▌ 동적 데이터 송수신

지금까지 데이터를 송수신하는 프로세스를 위한 조건문을 작성했다. 하지만 대규모 분산 네트워크에서는 프로세스 수가 지속적으로 변하기 때문에 이런 형태의 데이터 전송이 항상 가능한 것은 아니다. 또한 사용자가 직접 조건문을 작성하고 싶지 않을 지도 모른다. 다음 코드는 동적 데이터 전송의 개념을 보여준다.

예제 8-5 prog05.py

```
from mpi4py import MPI
import sys

comm = MPI.COMM_WORLD
rank = comm.rank
size = comm.size
name = MPI.Get_processor_name()

shared =(rank+1)^(rank+1)
comm.send(shared, dest=(rank+1) %size)
data = comm.recv(source=(rank-1) %size)
```

```
sys.stdout.write("Name: %s\n" %name)
sys.stdout.write("Rank: %d\n" %rank)
sys.stdout.write("Data %d came from rank: %d\n" %(data,(rank-1) %size))
```

위 코드에서 모든 프로세스는 이전 프로세스로부터 데이터를 수신한다. 이 과정이
끝까지 진행되고 래핑돼 첫 번째 프로세스가 마지막 프로세스의 데이터를 받는다.
코드를 실행해보자.

```
mpirun -hostfile myhostfile -np 4 python3 ~/book/code/chapter08/prog05.py
```

코드 실행 결과는 다음과 같다.

```
Name: pi001
Rank: 0
Data 16 came from rank: 3
Name: pi002
Rank: 1
Data 1 came from rank: 0
Name: pi003
Rank: 2
Data 4 came from rank: 1
Name: pi004
Rank: 3
Data 9 came from rank: 2
```

이미 논의했던 것처럼, 랭크 0 프로세스(첫 번째 프로세스)는 랭크 3 프로세스(마지막
프로세스)로부터 데이터를 수신한다.

데이터 태깅

예제 8-5에서는 MPI로 데이터를 송수신하는 방법을 알아봤다. 호기심 많은 프로그래머는 다음과 같은 질문을 떠올릴지도 모른다.

"프로세스 간에 여러 데이터 항목을 전송하는 방법은 무엇일까?"

한 프로세스에서 그 외 프로세스로 여러 데이터 항목을 전송할 수는 있지만, 수신의 끝부분에서 한 데이터 항목을 그 외의 데이터 항목과 구별해야 하는 문제에 맞닥뜨릴 것이다. 이 문제에 대한 솔루션이 태깅이다. 다음 코드를 살펴보자.

예제 8-6 prog06.py

```python
from mpi4py import MPI
import sys

comm = MPI.COMM_WORLD
rank = comm.rank
size = comm.size
name = MPI.Get_processor_name()

if rank == 0:
    shared1 = {'d1': 55, 'd2': 42}
    comm.send(shared1, dest=1, tag=1)

    shared2 = {'d3': 25, 'd4': 22}
    comm.send(shared2, dest=1, tag=2)

if rank == 1:
    receive1 = comm.recv(source=0, tag=1)
    sys.stdout.write("d1: %d, d2: %d\n" %(receive1['d1'], receive1['d2']))
    receive2 = comm.recv(source=0, tag=2)
    sys.stdout.write("d3: %d, d4: %d\n" %(receive2['d3'], receive2['d4']))
```

위 예제에서는 2개의 다른 디렉터리 shared1과 shared2를 랭크 0 프로세스에서 랭크 1 프로세스로 전송하고 있다. 소스 코드에서 shared1은 1로 태그돼 있고, shared2는 2로 태그돼 있다. 목적지^{destination}에서 데이터 항목과 연관된 태그로 데이터 항목을 구별할 수 있다.

```
mpirun -hostfile myhostfile -np 4 python3 ~/book/code/chapter08/prog06.py
```

출력 결과는 다음과 같다.

```
d1: 55, d2: 42
d3: 25, d4: 22
```

데이터 태깅은 프로그래머가 데이터 흐름을 더 잘 제어하는 데 도움을 준다. 프로세스 간 여러 데이터 항목 교환 시, 데이터 태깅이 필수적이다.

▌ 데이터 브로드캐스팅

데이터가 단일 프로세스에서 다수 프로세스로 전송될 때를 브로드캐스팅이라고 한다. 다음 코드를 살펴보자.

예제 8-7 prog07.py

```
from mpi4py import MPI
import sys

comm = MPI.COMM_WORLD
rank = comm.rank
```

```
if rank == 0:
    data = {'a': 1, 'b': 2, 'c': 3}
else:
    data = None

data = comm.bcast(data, root=0)
sys.stdout.write("Rank: %d, Data: %d, %d, %d\n"
            %(rank, data['a'], data['b'], data['c']))
```

위 코드의 if 조건문에서는 프로세스 랭크가 0일 때만 한 디렉터리에 데이터를 할당하고 있다. bcast()는 데이터를 그 외 모든 프로세스에 브로드캐스트한다. 프로그램을 실행해보자.

```
mpirun -hostfile myhostfile -np 4 python3 ~/book/code/chapter08/prog07.py
```

출력 결과는 다음과 같다.

```
Rank: 0, Data: 1, 2, 3
Rank: 1, Data: 1, 2, 3
Rank: 2, Data: 1, 2, 3
Rank: 3, Data: 1, 2, 3
```

▌ 데이터 분산

브로드캐스팅에는 동일한 데이터를 모든 프로세스에 전송한다. 분산에서는 데이터의 다른 덩어리chunk를 모든 프로세스에 전송한다. 예를 들어, 4개의 데이터 항목을 가진 리스트(list 자료형)가 있다고 가정해보자. 브로드캐스팅에서는 4개의 데이터 항목 모두를 모든 프로세스에 전송하는 반면, 분산에서는 리스트의 개별 항목을 모든 프로세스에 전송하고, 각 프로세스는 개별(4개 중의 일부) 항목을 수신한다. 예제 8-8 은 이를 나타낸다.

예제 8-8 prog08.py

```python
from mpi4py import MPI
import sys

comm = MPI.COMM_WORLD
size = comm.Get_size()
rank = comm.Get_rank()

if rank == 0:
    data = [x for x in range(0, size)]
    sys.stdout.write("We will be scattering: ")
    sys.stdout.write(" ".join(str(x) for x in data))
    sys.stdout.write("\n")
else:
    data = None

data = comm.scatter(data, root=0)
sys.stdout.write("Rank: %d has data: %d\n" %(rank, data))
```

위 코드에서는 클러스터의 프로세스 수와 동일한 수의 이름 데이터로 리스트를 생성한다. scatter()는 모든 프로세스에 데이터를 분산시키는 데 사용된다. 다음 명령을 실행한다.

```
mpirun -hostfile myhostfile -np 4 python3 ~/book/code/chapter08/prog08.py
```

결과는 다음과 같다.

```
Rank: 1 has data: 1
We will be scattering: 0 1 2 3
Rank: 0 has data: 0
Rank: 2 has data: 2
Rank: 3 has data: 3
```

이와 같이 각 프로세스는 리스트의 개별 요소를 수신한다. scatter( )의 한계는 분산
시키려는 데이터 리스트의 크기가 프로세스의 수를 초과해서는 안 된다는 것이다.

▍데이터 수집

데이터를 수집한다는 개념은 분산의 반대다. 마스터 프로세스는 그 밖의 프로세스가
처리한 모든 데이터를 수집한다. 다음 프로그램은 gather( ) 메서드를 사용한다.

예제 8-9 prog09.py

```python
from mpi4py import MPI
import sys

comm = MPI.COMM_WORLD
size = comm.Get_size()
rank = comm.Get_rank()

if rank == 0:
    data = [x for x in range(0, size)]
    sys.stdout.write("We will be scattering: ")
    sys.stdout.write(" ".join(str(x) for x in data))
    sys.stdout.write("\n")
else:
    data = None

data = comm.scatter(data, root=0)
```

```
sys.stdout.write("Rank: %d has data: %d\n" %(rank, data))
data *= data

newData = comm.gather(data, root=0)

if rank == 0:
    sys.stdout.write("We have gathered: ")
    sys.stdout.write(" ".join(str(x) for x in newData))
    sys.stdout.write("\n")
```

위 프로그램에서 마스터 프로세스는 리스트의 개별 요소를 분산시킨다. 이때 분산 노드의 개수는 리스트의 크기다. 모든 MPI 프로세스는 리스트(MPI의 프로세스 수와 동일한 리스트 크기)의 개별 요소를 수신한다. 각 프로세스는 수신한 요소의 연산을 수행한다. 이 경우가 숫자의 제곱 연산이다. 하지만 실제 슈퍼컴퓨팅에서 연산은 꽤 복잡하다.

일단 연산이 완료되면 마스터 프로세스는 새로운 리스트에 처리된 모든 요소들을 수집한다.

코드를 실행한다.

```
mpirun -hostfile myhostfile -np 4 python3 ~/book/code/chapter08/prog09.py
```

결과는 다음과 같다.

```
Rank: 1 has data: 1
Rank: 3 has data: 3
We will be scattering: 0 1 2 3
Rank: 0 has data: 0
We have gathered: 0 1 4 9
Rank: 2 has data: 2
```

▌ 결론

8장에서는 파이썬의 MPI4PY 라이브러리를 소개했다. MPI4PY를 사용한 병렬 프로그래밍에서 다양하고 흥미로운 개념을 알아봤다. 9장에서는 라즈베리 파이와 함께 파이썬 3의 SciPy 스택을 시작할 것이다.

9장

SciPy 스택과
심벌릭 프로그래밍 소개

8장에서는 병렬 프로그래밍하기 위해 MPI4PY와 파이썬 3으로 구축한 라즈베리 파이 클러스터를 사용하는 방법을 살펴봤다. 9장에서는 SciPy 스택을 소개하고 파이에 설치해볼 것이다. 또한 SymPy로 심벌릭 프로그래밍을 시작할 것이다.

▌과학 파이썬 스택

SciPy(과학 파이썬Scientific Python의 약어)는 파이썬에서 과학scientific과 기술technical 연산을 위한 오픈소스 라이브러리다.

SciPy는 수치 연산numerical operation, 일반 미분 방정식 솔버ordinary differential equation solver, 고속 푸리에 변환fast Fourier transforms, 최적화optimization, 선형 대수linear algebra, 적분integration, 보간interpolation, 신호 처리signal processing 및 영상 처리image processing를 위한 모듈을 포함한다. SciPy는 전 세계적으로 과학, 수학, 공학 커뮤니티에서 광범위하게 사용된다. 연산에는 SciPy와 NumPy의 핵심 모듈을 사용하는 수많은 라이브러리가 존재한다. OpenCV와 SciKit이 NumPy 및 SciPy를 사용하는 주요 라이브러리의 적절한 예다.

SciPy 스택은 다음 구성 요소를 포함한다.

- NumPy는 수치 연산을 위한 라이브러리다. NumPy는 수치 및 과학 연산에 필요한 모든 기본 데이터 타입을 제공한다.
- SciPy 라이브러리는 과학 프로그래밍을 위한 많은 모듈을 포함한다.
- Matplotlib은 데이터 시각화에 이용된다.
- SymPy는 심벌릭 프로그래밍에 이용된다.
- IPython은 추가된 기능을 포함하는 고급 파이썬 인터프리터다.
- Pandas는 데이터 분석에 이용된다.
- Nose는 테스트 케이스 자동화에 이용된다.

그림 9-1은 과학 연산에서 파이썬 SciPy 스택의 역할을 요약한 것이다.

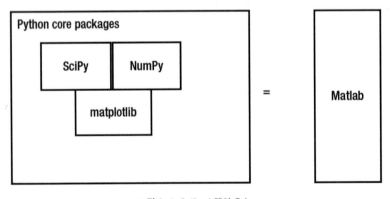

그림 9-1 SciPy 스택의 요소

이 책에서는 NumPy, SciPy 라이브러리 Matplotlib, SymPy를 살펴볼 것이다.

SciPy 스택의 설치

라즈베리 파이에 SciPy 스택을 설치하는 최선의 방법은 apt-get과 pip 명령어를 사용하는 것이다.

우선, 다음 명령으로 pip를 업그레이드한다.

```
sudo python3 -m pip install --upgrade pip
```

다음 명령을 사용해 SymPy를 설치한다.

```
sudo pip3 install sympy
```

SciPy 스택의 나머지 요소는 다음과 같이 apt-get 유틸리티를 사용해 설치할 수 있다.

```
sudo apt-get install python3-matplotlib -y
sudo apt-get install python3-scipy -y
sudo apt-get install python3-numpy -y
```

이 명령은 SciPy 스택의 필수 요소들을 설치한다.

SymPy

SymPy 웹 사이트에는 다음과 같은 문구가 있다.

SymPy는 심벌릭 수학을 위한 파이썬 라이브러리다. SymPy의 목표는 이해하기 쉽고, 쉽게 확장 가능하고, 간단한 코드를 유지하면서 완전한 기능을 구현하는full-featured 컴퓨터 대수학 시스템CAS, computer algebra system이 되는 것이다.

SymPy는 BSD 및 프리 라이선스다. SymPy는 전적으로 파이썬으로 작성됐다. SymPy는 mpmath에 의존하고 그 밖의 의존성이 없기 때문에 본질적으로 경량이다.

SymPy 시작

SymPy를 시작해보자. 9장에 대한 디렉터리 생성과 탐색을 위해 다음 명령을 실행한다.

```
cd ~
cd book
cd code
mkdir chapter09
cd chapter09
```

9장에서 실행하는 코드들은 chapter09 디렉터리에 저장하는 방식으로 책의 나머지 부분에 대한 실습을 진행할 것이다. 즉, 코드를 구성하기 위한 장으로 디렉터리를 생성할 것이다.

여기서는 독자가 기초 수학과 미적분을 알고 있다고 가정하기 때문에 연산을 해석하기 위한 코드 설명은 하지 않는다. 심벌릭 연산의 개념을 구현하는 간단한 예제(예제 9-1)를 살펴보자.

예제 9-1 prog01.py

```python
import math
import sympy
print(math.sqrt(9))
print(math.sqrt(8))
print(sympy.sqrt(9))
print(sympy.sqrt(8))
```

위 코드를 실행한다. 다음은 실행 결과다.

```
3.0
2.8284271247461903
3
2*sqrt(2)
```

위 결과에서 math.sqrt( ) 메서드는 직접 숫자 형식의 결과를 생성하는 반면, sympy. sqrt( ) 메서드는 정수인 경우에만 숫자 형식의 결과를 생성하는 것을 볼 수 있다. 소수 점 이하 값을 생성하는 대신 sqrt(2)를 그대로 유지한다. 이런 식으로 많은 수학 방정식 을 심벌릭 연산할 수 있다. 심벌릭 수학의 이런 기본 개념을 갖고 파이썬 3으로 SymPy 를 좀 더 자세히 살펴보자.

심벌

심벌symbol의 개념을 살펴보자. 심벌은 수학에서 변수와 유사하다. 심벌은 방정식 equations과 표현식expressions의 풀이를 위해 사용될 수 있다. 심벌은 또한 방정식 풀이에 도 이용된다. sympy.symbols( ) 메서드는 문자열(strings 데이터 타입) 변수를 다음과 같이 심벌 변수로 변환한다.

```
from sympy import *

x = symbols('x')
sigma, y = symbols('sigma y')
print(x, y, sigma)
```

결과는 다음과 같다.

```
x y sigma
```

위 코드는 symbols() 메서드가 화이트스페이스^{whitespace}로 구분된 문자열 토큰^{token}을 인자로 받을 수 있음을 보여준다. 심벌로 표현식을 풀이한 예제를 하나 더 살펴보자.

예제 9-3 prog03.py

```
from sympy import *

x = symbols('x')
expr = x + 1
print(expr.subs(x, 3))
```

여기에서는 표현식의 x를 3으로 대체해 풀이할 것이다. 코드는 4를 결과로 출력한다. 예제 9-4에서는 다수 심벌을 대체할 수 있다는 것을 보여준다.

예제 9-4 prog04.py

```
from sympy import *

x, y = symbols('x y')
expr = x + y
```

```
print(expr.subs({x:3, y:2}))
```

여기에서는 다수 심벌을 대체하고 있다. 코드를 실행해 결과를 확인한다.

SymPy 표현식으로 문자열 변환

문자열은 SymPy 표현식으로 변환될 수 있다. 파이썬에서와 마찬가지로 * * 연산자를 지수 연산에 사용할 수 있다. 다음 코드가 이를 보여준다.

예제 9-5 prog05.py

```
from sympy import *

str = "x**3 + 4*y - 1/5"
expr = sympify(str)
print(expr)
```

sympify( ) 메서드는 문자열을 SymPy 표현식으로 변환한다. evalf( ) 메서드를 사용하면 표현식 풀이 결과를 부동 소수점 숫자로 나타낼 수 있다. 소수점 이하 15자리가 기본 정밀도지만, 정밀도 자릿수를 evalf( ) 메서드의 인자로 전달할 수 있다. 다음은 evalf( ) 메서드의 사용 사례를 보여준다.

예제 9-6 prog06.py

```
from sympy import *

expr = sqrt(10)
print(expr.evalf())

print(pi.evalf(20))

x = symbols('x')
```

```
expr = sin(2*x)
print(expr.evalf(subs={x: 2.4}))
```

SymPy에 출력된 결과는 다음과 같다.

```
3.16227766016838
3.14159265358979932385
-0.996164608835841
```

SymPy의 출력 기능

SymPy에는 많은 출력 기능이 있다. 어떤 환경에서라도 명령 프롬프트에 init_session() 메서드를 사용하면 인터랙티브 세션이 시작된다. 다음은 샘플 인터랙티브 세션의 한 예다. 콘솔에 입력한 명령은 굵게 강조 표시돼 있다.

```
pi@pi001:~/book/code/chapter09 $ python3
Python 3.5.3 (default, Jan 19 2017, 14:11:04)
[GCC 6.3.0 20170124] on linux
```

더 많은 정보를 확인하기 위해 "help" 나 "copyright", "credits" 혹은 "license"를 입력한다.

```
>>> from sympy import *
>>> init_session()
SymPy 1.1.1을 위한 파이썬 콘솔(Python 3.5.3-32-bit) (ground types: python)
```

이 명령어들을 실행한다.

```
>>> from __future__ import division
>>> from sympy import *
>>> x, y, z, t = symbols('x y z t')
>>> k, m, n = symbols('k m n', integer=True)
>>> f, g, h = symbols('f g h', cls=Function)
>>> init_printing()
```

실행 결과는 http://docs.sympy.org/1.0/에서 확인할 수 있다.

```
>>> Integral(sqrt(1/x), x)
⌠
⎮     ___
⎮    ╱ 1
⎮   ╱ ─ dx
⎮╲╱   x
⌡
>>> sqrt(x)
√x
>>> (sqrt(x) + sqrt(y))**2
         2
(√x + √y)
>>>
```

이 예제는 인터랙티브 콘솔에서 어떻게 보기 좋은 형태로 표현식을 출력할 수 있는 지를 보여준다.

SymPy에서 단순화

simplify() 메서드를 사용하면 수학 표현식을 최대한 단순화할 수 있다. 이 책에는 수 많은 표현식이 등장한다. 다음은 한 예제다.

```
from sympy import *
x = symbols('x')
print(simplify(sin(x)**2 + cos(x)**2))
print(simplify((x**3 + x**2 - x - 1)/(x**2 + 2*x + 1)))
print(simplify(gamma(x)/gamma(x - 2)))
```

간단한 결과는 다음과 같다.

```
1
x - 1
(x - 2)*(x - 1)
```

SymPy에는 단순화 메서드가 존재한다. 다음에 나타난 것처럼 다항식을 전개expansion하기 위해 expand( )를 사용할 수 있다.

예제 9-8 prog08.py

```
from sympy import *
x, y = symbols('x y')
print(expand((x + y)**2))
print(expand((x + 3)*(y + 5)))
```

다음은 전개된 결과다.

```
x**2 + 2*x*y + y**2
x*y + 5*x + 3*y + 15
```

이와 같은 방식으로 다항식의 환원 불가능 인자[7]를 구하는 factor( ) 메서드(예제 9-9)를 사용할 수 있다.

예제 9-9 prog9.py

```
from sympy import *
x = symbols('x')
print(factor(x**3 - x**2 + x))
```

결과는 다음과 같다.

```
x*(x**2 - x + 1)
```

미적분

심지어 미적분 풀이에도 SymPy를 사용할 수 있다. 다음과 같이 미분을 계산하기 위해 diff( ) 메서드를 사용할 수 있다.

예제 9-10 prog10.py

```
from sympy import *
x = symbols('x')
print(diff(x**3 - x**2 + x, x))
print(diff(x**5, x))
print(diff(sin(x), x))
```

---

7   인수분해를 의미 – 옮긴이

결과는 다음과 같다.

```
3*x**2 - 2*x + 1
5*x**4
cos(x)
```

또한 다음과 같이 표현식에서 최고차 미분 항을 구할 수 있다.

예제 9-11 prog11.py

```
from sympy import *
x = symbols('x')
print(diff(10*x**4, x, x, x))
print(diff(10*x**4, x, 3))
```

결과는 다음과 같다.

```
240*x
240*x
```

Integrate( ) 메서드를 사용해 SymPy로 적분 역시 계산할 수 있다. 다음 코드는 이를 보여준다.

예제 9-12 prog12.py

```
from sympy import *
x = symbols('x')
print(integrate(sin(x), x))
```

결과는 다음과 같다.

```
-cos(x)
```

또한 다음과 같이 적분 구간을 포함해 정적분을 구할 수 있다.

예제 9-13 prog13.py

```
from sympy import *
x = symbols('x')
print(integrate(exp(-x),(x, 0, oo)))
```

여기에서는 0에서 무한대(oo로 표시)까지 −x의 지수를 적분하고 있다. 이 코드를 실행하고 결과를 확인한다. 또한 다음과 같이 다변수 적분 구간을 사용해 적분할 수 있다.

예제 9-14 prog14.py

```
from sympy import *
x, y = symbols('x y')
print(integrate(exp(-x)*exp(-y),(x, 0, oo),(y, 0, oo)))
```

코드를 실행하고, 적분한 결과와 비교한다.

 Note

SymPy는 방대한 주제다. 1개의 장으로는 SymPy를 완벽히 다룰 수 없다. 웹 사이트 (http://docs.sympy.org, www.sympy.org)를 좀 더 살펴보길 바란다.

▌ 결론

9장에서는 SymPy를 시작했고, 파이썬에서 심벌릭 연산을 하는 방법을 알아봤다.
10장에서는 NumPy와 Matplotlib을 시작할 것이다.

10장

NumPy 소개

9장에서는 심벌릭 연산을 하기 위해 파이썬 3에 SciPy 스택을 설치하는 방법과 SymPy를 사용하는 방법을 알아봤다. 10장에서는 NumPy 라이브러리를 소개하고, NunPy의 기초를 살펴볼 것이다. 또한 Matplotlib으로 데이터의 그래프 표현(plot)과 시각화의 기초를 살펴볼 것이다. NumPy의 기초를 배우면서 과학 연산 세계로의 흥미로운 여행을 시작해보자.

NumPy의 기초

NumPy는 수치 파이썬(Numeric(al) Python)의 약어다. NumPy의 웹 사이트(http://www.numpy.org)에는 다음과 같은 문구가 존재한다.

NumPy는 파이썬으로 과학 연산을 하기 위한 근본적인[fundamental] 패키지다.

NumPy의 특징은 다음과 같다.

효율적이고 편리한 데이터 표현을 위한 강력한 사용자 정의 N차원 배열 객체가 존재한다.

- C/C++, 포트란과 같이 과학 프로그래밍에 이용되는 프로그래밍 언어와 통합할 수 있는 툴이 존재한다.
- 선형 대수, 행렬 연산, 영상 처리, 신호 처리와 같은 수학 연산에 이용된다.

주피터

지금까지는 예제 코드를 .py 파일에 저장했고, 파이썬 3 인터프리터로 실행했다. 10 장에서는 Julia, Python, R, 프로그래밍 언어로 인터랙티브 코딩을 하기 위한 고급 웹 기반의 툴인 주피터라는 툴을 사용할 것이다.

```
Julia + Python + R = Jupyter
```

주피터는 파이썬 3(혹은 R, Julia와 같이 툴을 지원하는 다른 언어) 코드와 노트북[notebook]이라는 인터랙티브 형태의 결과를 저장한다. 주피터는 파이썬 2와 파이썬 3을 위한 IPython 커널을 사용한다. IPython은 시각화 기능이 있는 파이썬용 고급 인터랙티브 셸이다. 프로젝트 주피터는 IPython의 스핀오프[spin-off]다.

주피터와 IPython은 다음과 같은 특징이 있다.

- 인터랙티브 터미널과 Qt 기반 셸
- 코드와 인터랙티브 시각화를 지원하기 위한 브라우저 기반 노트북
- 병렬 컴퓨팅 지원

다음 명령을 사용하면 주피터를 쉽게 설치할 수 있다.

```
sudo pip3 install --upgrade pip
sudo pip3 install jupyter
```

이 명령은 주피터와 그의 모든 의존성을 라즈베리 파이에 설치한다.

주피터 노트북스

주피터 노트북스Jupyter notebooks는 주피터 노트북 애플리케이션으로 생성된 문서로, 단락paragraphs, 수식equations, 그림figures, 링크links 및 인터랙티브 시각화와 같은 서식 있는 텍스트 요소RTF, Rich Text Format와 파이썬 코드를 포함한다. 노트북스에는 사람이 읽을 수 있는 구성 요소와 기계가 판독할 수 있는(실행할 수 있는) 구성 요소가 있다.

이제 NumPy와 주피터 노트북스를 시작해보자. lxterminal을 연 후, 다음과 같은 순서로 명령을 실행해보자.

```
cd ~
cd book
cd code
mkdir chapter10
cd chapter10
```

이 명령은 10장과 관련된 디렉터리를 생성하고 탐색할 것이다. 10장 디렉터리가 시작이며, 여기에서부터 다음 명령으로 노트북을 실행하자.

이 명령은 주피터 노트북 애플리케이션을 실행하고, 브라우저 창(최신 라즈비안 릴리스에서는 크로미안Chromium 브라우저)을 열 것이다.

다음은 주피터 노트북을 시작할 때, 콘솔의 스크린샷이다.

그림 10-1 주피터 노트북 애플리케이션 콘솔

다음은 노트북 애플리케이션을 실행하고 있는 크로미안 브라우저 창의 탭을 스크린샷한 것이다.[8]

그림 10-2 크로미안에서 실행 중인 주피터 노트북 애플리케이션

브라우저 창의 우측 상단에서 new를 클릭하고, 드롭다운에서 Python 3을 선택한다.

---

8 최초 실행 시, 토큰(tokken)을 주피터 노트북 입력란에 넣어줘야 한다. 토큰을 확인하는 명령어는 jupyter notebook list며, 해당 토큰을 복사해 주피터 노트북 입력란에 넣어주면 된다.

다음은 스크린샷이다.

그림 10-3 새로운 파이썬 3 노트북

동일한 브라우저 창에 새로운 노트북 탭이 열릴 것이다(그림 10-4).

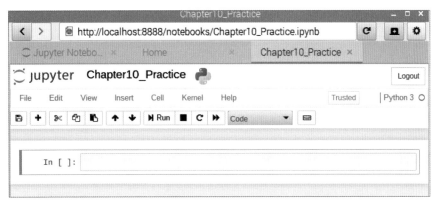

그림 10-4 파이썬 3 노트북 탭

주피터 노트북의 이름을 그림 10-5에 나타난 것처럼 Chapter10_Practice로 변경한다.

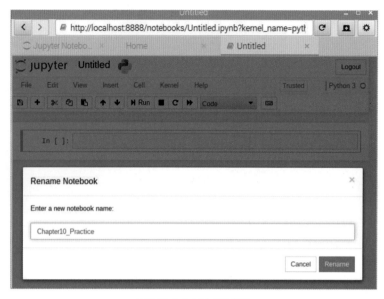

그림 10-5 노트북 이름 변경

노트북 애플리케이션은 그림 10-6에 나타난 것처럼 갱신된 이름과 "running" 상태를 표시하며, 새 노트북 인스턴스를 보여줄 것이다.

그림 10-6 노트북 running 상태

지금 Chapter10 디렉터리를 탐색하면, 노트북과 관련 있는 Chapter10_Practice.ipynb라는 파일을 발견할 수 있을 것이다.

브라우저 창 위쪽 메뉴에는 다른 통합 개발 환경과 같은 옵션이 있다. 예를 들어, [save], [copy], [paste], [run] 등이다.

첫 번째 셀^{cell}에서 import numpy as np를 입력하고, **Run** 버튼을 클릭한다. 컨트롤은 자동으로 다음 텍스트 셀을 만들고, 다음에 표시된 것처럼 새로운 텍스트 셀 위에 커서의 초점을 맞춘다.

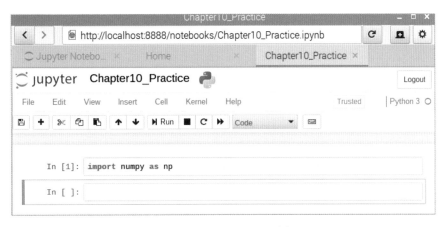

그림 10-7 파이썬 3 코드로 작업

NumPy를 노트북에 임포트했기 때문에 이후 다시 임포트할 필요는 없다. 또한 노트북의 이전 셀을 수정할 수 있다. 실행 타입에서 인터프리터가 구문 오류를 찾아내 하이라이트 표시를 하면, 다른 셀을 편집해 문제를 해결할 수 있다. 주피터에 대한 자세한 내용은 과학 연산에서 좀 더 살펴볼 것이다.

N차원 배열

NumPy의 가장 강력한 구조는 N차원 배열^{ndarray}이다. ndarray는 다차원 동종

homogeneous 데이터를 위한 일반적인 컨테이너를 제공한다. ndarray에서 동종이란, 동일한 데이터 타입을 의미한다. 파이썬에서 다양한 ndarray 타입 변수의 예를 살펴보자. 노트북에 다음 코드를 입력한다.

```
x = np.array([1, 2, 3], np.int16)
y = np.array([[0, 1, 2], [3, 4, 5]], np.int32)
z = np.array([[[0, 1, 2], [2, 3, 4], [4, 5, 6]], [[1, 1, 1], [0, 0, 0], [1, 1, 1]]],
np.float16)
```

이제 1, 2, 3차원 ndarray 객체를 차례대로 생성했다. 주피터 노트북에 다음 코드를 실행하면 차원을 확인해볼 수 있다.

```
print(x.shape)
print(y.shape)
print(z.shape)
```

결과는 다음과 같다.

```
(3,)
(2, 3)
(3, 3, 3)
```

NumPy에서 ndarray의 인덱스 체계는 C에서의 인덱스 체계와 동일하다. 즉, 첫 번째 요소는 0부터 인덱스된다. 다음 행은 ndarray의 두 번째 행에 있는 요소값을 출력한다.

다음과 같이 배열을 분할할 수 있다.

```
print(z[:,1])
```

결과는 다음과 같다.

```
[[ 2. 3. 4.]
 [ 0. 0. 0.]]
```

▌ndarray 속성

다음은 ndarray의 중요한 속성[attribute]을 보여준다.

```python
print(z.shape)
print(z.ndim)
print(z.size)
print(z.itemsize)
print(z.nbytes)
print(z.dtype)
```

결과는 다음과 같다.

```
(2, 3, 3)
3
18
2
36
float16
```

여기에서 나타나는 것은 다음과 같다.

- ndarray.shape은 배열 차원의 튜플을 반환한다.
- ndarray.ndim은 배열 차원의 수를 반환한다.
- ndarray.size는 배열의 요소 수를 반환한다.
- ndarray.itemsize는 바이트byte 단위로 배열 요소 하나의 크기를 반환한다.
- ndarray.nbytes는 배열의 요소가 소비하는 전체 바이트 크기를 반환한다. 결과는 ndarray.size와 ndarray.itemsize의 곱이다.
- ndarray.dtype는 배열에서 요소의 데이터 타입을 리턴한다.

데이터 타입

데이터 타입은 데이터의 타입과 크기를 진단하는 데 이용된다. 예를 들어, int16은 16비트 부호가 있는 정수, int8은 8비트 부호가 있는 정수를 의미한다. NumPy는 다양한 데이터 타입을 지원한다. 데이터 타입에 관한 정보를 좀 더 자세히 살펴보기 위해 데이터 객체 웹 페이지(https://docs.scipy.org/doc/numpy/reference/arrays.dtypes.html)를 방문해보길 바란다.

Note

NumPy가 지원하는 다양한 데이터 타입의 전체 목록의 확인하기 위해서는 다음 웹 페이지를 방문해보라.

https://docs.scipy.org/doc/numpy/user/basics.types.html

NumPy에서 ndarray 구조의 기초를 갖추고, 다음 절에서는 배열 생성 루틴을 시작할 것이다.

배열 생성 루틴

기본 배열 생성 루틴으로 ndarrays를 생성하자. 생성된 배열을 시각화하기 위해 matplotlib을 사용할 것이다. 필요할 때는 데이터를 시각화하기 위해 matplotlib을 사용할 것이다. 14장에서는 내용을 좀 더 자세히 알기 위해 matplotlib을 집중적으로 살펴볼 것이다.

ndarrays를 생성하기 위한 첫 번째 방법은 ones( ) 메서드를 사용하는 것이다. 이름에서 추측할 수 있듯이 요소의 모든 값이 1인 배열을 생성한다. ones( ) 메서드 기능의 확인하기 위해 노트북에서 다음 구문을 실행한다.

```
a = np.ones(5)
print(a)
b = np.ones((3,3))
print(b)
c = np.ones((5, 5), dtype=np.int16)
print(c)
```

np.zeros( ) 메서드는 np.ones( )와 유사하게 모든 요소가 0인 다차원 배열을 생성한다. 위의 예제에서 np.ones( )를 np.zeros( )로 대체하고, 동일한 인수 세트를 전달해 실행해보라. np.eye( ) 메서드는 대각diagonal 행렬을 생성하는 데 이용된다. 대각 요소의 인덱스를 정의할 수 있다. 노트북에 다음 예제를 실행해보라.

```
a = np.eye(5, dtype=np.int16)
print(a)
b = np.eye(5, k=1)
print(b)
c = np.eye(5, k=-1)
print(c)
```

np.arange( )는 지정된 범위의 숫자 리스트를 반환한다. 노트북에 다음 예제를 실행해
보자.

```
a = np.arange(5)
print(a)
b = np.arange(3, 25, 2)
print(b)
```

결과는 다음과 같다.

```
[0 1 2 3 4]
[ 3  5  7  9 11 13 15 17 19 21 23]
```

이제 matplotlib으로 재미있는 작업을 해보자. 노트북에 다음 예제를 실행해보라.

```
import matplotlib.pyplot as plt
x = np.arange(10)
y = np.arange(10)
print(x)
print(y)
plt.plot(x, y, 'o')
plt.show( )
```

위 예제에서는 ndarrays를 그래픽으로 표현하고 있다. 텍스트 결과는 다음과 같다.

```
[0 1 2 3 4 5 6 7 8 9]
[0 1 2 3 4 5 6 7 8 9]
```

그래픽 결과는 다음과 같다.

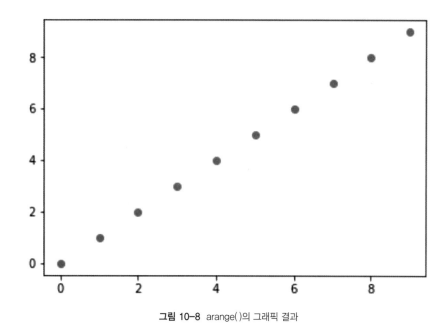

그림 10-8 arange( )의 그래픽 결과

myplotlib 라이브러리의 pyplot 모듈을 import matplotlib.pyplot as plt 구문으로 임포트한다. plt.plot( )은 표시할 플롯 그래프를 준비하고, plt.show( )는 그래프를 화면에 표시한다.

선형 배열을 표현하는 메서드인 np.linspace( )가 존재한다. np.linspace( )와 arange( ) 사이의 주요 차이는 linspace( )가 스탭 간격^{stepsize}과 다른 인수를 받아 생성될 샘플의 수를 변경할 수 있다는 것이다. 다음 코드의 일부분은 linspace( )가 데이터를 생성하는 방식을 보여준다.

```
N = 8
y = np.zeros(N)
x1 = np.linspace(0, 10, N)
x2 = np.linspace(0, 10, N)
plt.plot(x1, y - 0.5, 'o')
```

```
plt.plot(x2, y + 0.5, 'o')
plt.ylim([-1, 1])
plt.show()
```

plt.ylim( )은 그래프에서 Y축의 한계를 정의할 수 있다. 결과는 다음과 같다.

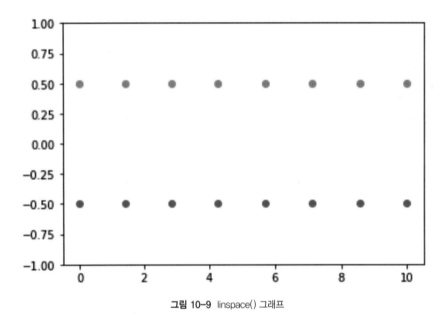

그림 10-9 linspace( ) 그래프

이와 유사하게 로그 스케일로 배열값을 생성하는 logspace( ) 메서드가 존재한다. 다음 코드는 그 예제다.

```
N = 64
x = np.linspace(1, N, N)
y = np.logspace(0.1, 1, N)
plt.plot(x, y, 'o')
plt.show()
```

노트북에 구문을 실행한 결과는 다음과 같다.

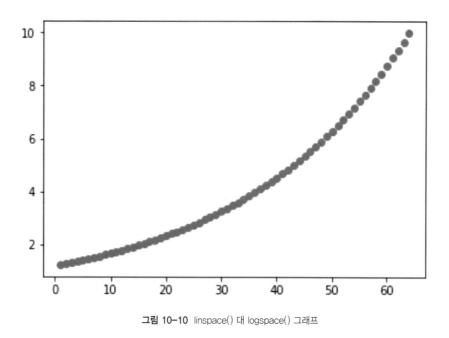

그림 10-10 linspace() 대 logspace() 그래프

행렬과 선형 대수

NumPy에는 행렬 생성 루틴이 있다. 몇 가지 예를 살펴보자. np.matrix()는 주어진 데이터를 행렬로 해석한다. 다음은 그 예다.

```
a = np.matrix('1 2; 3 4')
b = np.matrix([[1, 2], [3, 4]])
print(a)
print(b)
```

노트북에 코드를 실행하면, 두 가지 다른 형태의 인자를 받았음에도 둘 다 행렬을 반환하는 것을 볼 수 있다.

```
[[1 2]
 [3 4]]
[[1 2]
 [3 4]]
```

np.bmat( )는 배열이나 시퀀스로부터 행렬을 생성한다.

```
A = np.mat('1 1; 1 1')
B = np.mat('2 2; 2 2')
C = np.mat('3 4; 5 6')
D = np.mat('7 8; 9 0')
a = np.bmat([[A, B], [C, D]])
print(a)
```

위의 예는 모든 시퀀스로부터 결합된 행렬을 반환한다. 결과를 확인하기 위해 노트북에 코드를 실행한다.

```
[[1 1 2 2]
 [1 1 2 2]
 [3 4 7 8]
 [5 6 9 0]]
```

np.matlib.zeros( )와 np.matlib.ones( )는 각각 0과 1 행렬을 반환한다. np.matlib. eye( )는 대각 행렬을 반환한다. np.matlib.identity( )는 주어진 크기의 정방 항등 행렬a square identity matrix을 반환한다. 다음 코드 예제는 이 메서드들의 사례를 보여준다.

```
from numpy.matlib import *
```

```
a = zeros((3, 3))
print(a)
b = ones((3, 3))
print(b)
c = eye(3)
print(c)
d = eye(5, k=1)
print(d)
e = eye(5, k=-1)
print(e)
f = identity(4)
print(f)
```

rand( )와 randn( ) 메서드는 임의의 값을 요소로 갖는 행렬을 반환한다.

```
a = rand((3, 3))
b = randn((4, 4))
print(a)
print(b)
```

선형 대수와 관련된 몇 가지 메서드(행렬 연산자)를 좀 더 알아보자. 두 배열의 내적을 계산하는 dot( ) 메서드가 존재한다. 반면, vdot( )은 두 벡터의 내적을 계산한다. inner( )는 두 배열의 내적을 계산한다. outer( )는 두 벡터의 외적을 계산한다. 다음 코드 예제는 이 메서드들의 사례를 보여준다.

```
a = [[1, 0], [0, 1]]
b = [[4, 1], [2, 2]]
print(np.dot(a, b))
print(np.vdot(a, b))
print(np.inner(a, b))
print(np.outer(a, b))
```

결과는 다음과 같다.

```
[[4 1]
[2 2]]
6
[[4 2]
[1 2]]
[[4 1 2 2]
[0 0 0 0]
[0 0 0 0]
[4 1 2 2]]
```

▌삼각 메서드

삼각 메서드를 시각화해보자. matplotlib을 사용해 sin( ), cos( ), tan( ), sinh( ), cosh( ) 메서드를 시각화할 수 있다. 다음 예제는 이 메서드들의 사용 예다.

```python
x = np.linspace(-np.pi, np.pi, 201)
plt.plot(x, np.sin(x))
plt.xlabel('Angle in radians')
plt.ylabel('sin(x)')
plt.show()
```

결과는 다음과 같다.

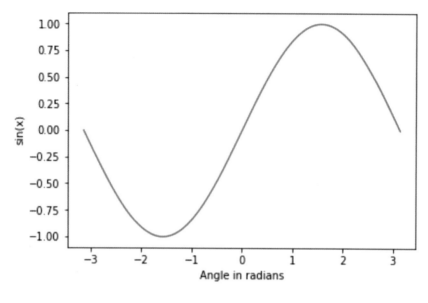

그림 10-11 sin(x)의 그래프

다음 코드 예제는 cos( )의 사용 예다.

```
x = np.linspace(-np.pi, 2*np.pi, 401)
plt.plot(x, np.cos(x))
plt.xlabel('Angle in radians')
plt.ylabel('cos(x)')
plt.show()
```

결과는 다음과 같다.

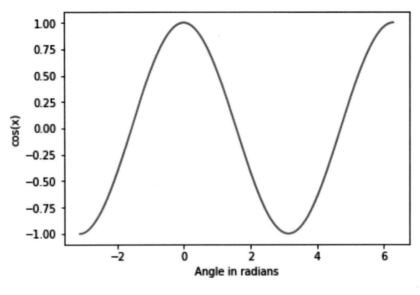

그림 10-12 con(x)의 그래프

다음과 같이 하이퍼볼릭 코사인^{hyperbolic Cosine}과 하이퍼볼릭 사인^{hyperbolic Sine} 파형을 살펴보자.

```
x = np.linspace(-5, 5, 2000)
plt.plot(x, np.cosh(x))
plt.show()
plt.plot(x, np.sinh(x))
plt.show()
```

cosh( )의 결과는 다음과 같다.

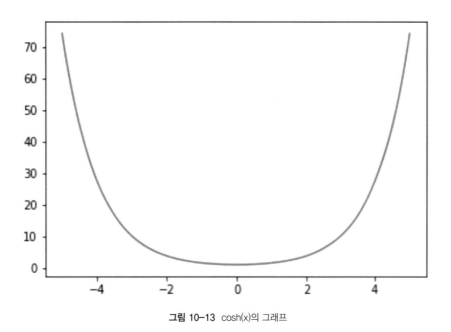

그림 10-13 cosh(x)의 그래프

sinh( )의 결과는 다음과 같다.

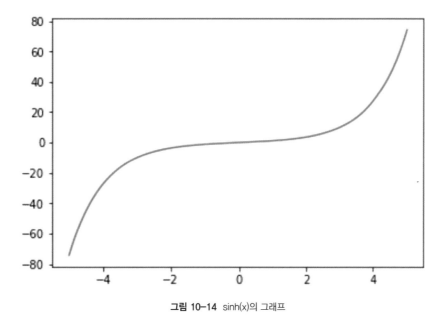

그림 10-14 sinh(x)의 그래프

▌ 난수과 통계

rand( ) 메서드는 주어진 차원의 랜덤 행렬을 생성한다. randn( ) 메서드는 정규분포로 표본 추출된 수로, 행렬을 생성한다. randint( )은 한계값을 제외한 범위에서 난수^{random} ^{number}를 생성한다. random_integers( )는 한계값을 포함하는 난수를 생성한다. 다음 코드는 위 메서드 중 처음 3개 메서드의 사용 예다.

```python
import numpy as np
a = np.random.rand(3, 3)
b = np.random.randn(3, 3)
c = np.random.randint(4, 15)
print(a)
print(b)
print(c)
```

ndarrary의 중앙값^{median}, 평균$^{average, mean}$, 표준 편차$^{standard\ deviation}$, 분산^{variance}은 다음 과 같이 구할 수 있다.

```python
a = np.array([[10, 7, 4], [1, 2, 3], [1, 1, 1]])
print(median(a))
print(average(a))
print(mean(a))
print(std(a))
print(var(a))
```

▌ 푸리에 변환

NumPy는 기초 신호 처리를 위한 모듈을 포함한다. fft 모듈은 다음과 같이 1차원 이산 푸리에 변환을 계산하는 fft( ) 메서드를 포함한다.

```
t = np.arange(256)
sp = np.fft.fft(np.sin(t))
freq = np.fft.fftfreq(t.shape[-1])
plt.plot(freq, sp.real, freq, sp.imag)
plt.show()
```

결과는 다음과 같다.

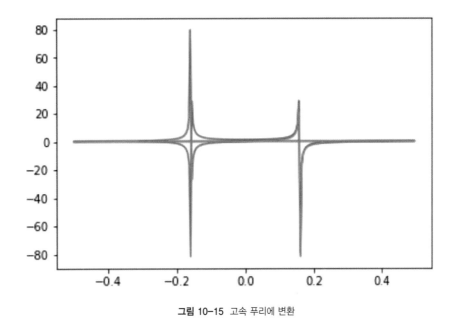

그림 10-15 고속 푸리에 변환

fft2( )와 fftn( )은 각각 2차원과 n차원 이산 푸리에 변환 계산에 사용된다. 이를 위한 코드를 작성해보라.

▌결론

10장에서는 NumPy, matplotlib, 주피터를 시작했고, 파이썬에서 수치 연산과 시각화 방법을 알아봤다. 11장에서는 SciPy 라이브러리를 시작할 것이다.

11장

SciPy 소개

10장에서는 NumPy로 수치 연산을 하는 방법을 알아봤다. 또한 주피터를 사용하는 방법과 matplotlib을 사용하는 방법을 알아봤다. 11장에서는 SciPy 라이브러리를 소개할 것이다. 하지만 NumPy와 matplotlib을 사용하는 여정은 아직 끝나지 않았다. 이 책의 나머지 부분에서 NumPy와 matplotlib에서의 새로운 기능들을 살펴볼 것이다. 이제 SciPy로 과학 연산의 흥미진진한 여정을 시작해보자.

❚ SciPy에서 과학과 수학 상수

시작하기 전에 11장의 새로운 디렉터리를 만드는 작업을 완성해보자. 11장에서의 연습을 위해 chapter11이라는 이름의 디렉터리를 만들자.

```
cd ~
cd book
cd code
mkdir chapter11
cd chapter11
```

이제 다음 명령어로 주피터 노트북 애플리케이션을 시작하자.

```
jupyter notebook
```

새로운 노트북을 열고, 이름을 Chapter11_Practice로 변경한다. 이 노트북에는 11장에서 실행한 코드를 담을 것이다.

SciPy 라이브러리는 과학과 수학에서 중요한 상수를 포함하는 scipy.constants라는 모듈을 갖고 있다. 그중 일부를 사용해보자. 노트북에서 다음 명령어를 실행한다.

```
import numpy as np
import matplotlib.pyplot as plt
from scipy.constants import *
print("Pi = " + str(pi))
print("The golden ratio = " + str(golden))
print("The speed of light = " + str(c))
print("The Planck constant = " + str(h))
print("The standard acceleration of gravity = " + str(g))
print("The Universal constant of gravity = " + str(G))
```

출력 결과는 다음과 같다.

```
Pi = 3.141592653589793
The golden ratio = 1.618033988749895
The speed of light = 299792458.0
The Planck constant = 6.62606957e-34,
The standard acceleration of gravity = 9.80665
The Universal constant of gravity = 6.67384e-11
```

SciPy 상수는 측정 단위를 포함하지 않고 상수의 수치만 표현하는 것에 주목한다. 이는 수치 연산에 매우 유용하다.

> Note
>
> 이런 종류의 상수가 더 많이 존재한다. https://docs.scipy.org/doc/scipy/reference/constants.html을 방문하면 상수들을 확인할 수 있다.

선형 대수

이제 선형 대수와 관련된 몇 가지 메서드를 알아본다. 역행렬부터 시작해보자.

```python
import numpy as np
from scipy import linalg
a = np.array([[1, 4], [9, 16]])
b = linalg.inv(a)
print(b)
```

다음과 같은 출력이 나타난다.

```
[[-0.8 0.2 ]
 [ 0.45 -0.05]]
```

행렬식 ax = b를 다음과 같이 풀 수 있다.

```
a = np.array([[3, 2, 0], [1, -1, 0], [0, 5, 1]])
b = np.array([2, 4, -1])
from scipy import linalg
x = linalg.solve(a, b)
print(x)
print(np.dot(a, x))
```

결과는 다음과 같다.

```
[ 2. -2. 9.]
[ 2. 4. -1.]
```

다음과 같이 행렬식을 계산할 수 있다.

```
a = np.array([[0, 1, 2], [3, 4, 5], [6, 7, 8]])
print(linalg.det(a))
```

노트북에서 위 코드를 실행해 결과를 확인한다. 또한 다음과 같이 놈norm을 계산할 수 있다.

```
a = np.arange(16).reshape((4, 4))
print(linalg.norm(a))
```

```
print(linalg.norm(a, np.inf))
print(linalg.norm(a, 1))
print(linalg.norm(a, -1))
```

결과는 다음과 같다.

```
35.2136337233
54
36
24
```

또한 다음과 같이 QR과 RQ 분해를 계산할 수 있다.

```
from numpy import random
from scipy import linalg
a = random.randn(3, 3)
q, r = linalg.qr(a)
print(a)
print(q)
print(r)
r, q = linalg.rq(a)
print(r)
print(q)
```

적분

SciPy는 다양한 적분 연산하기 위해 integrate 모듈을 가진다. 몇 가지 예를 살펴보자. 첫 번째는 quad( )다. quad( )는 인자로 적분 구간과 피적분 함수를 받아들이고 결과값과 근사 오류를 반환한다. 다음은 몇 가지 예다.

```python
from scipy import integrate
f1 = lambda x: x**4
print(integrate.quad(f1, 0, 3))
import numpy as np
f2 = lambda x: np.exp(-x)
print(integrate.quad(f2, 0, np.inf))
```

결과는 다음과 같다.

```
(48.599999999999994, 5.39568389967826e-13)
(1.0000000000000002, 5.842606742906004e-11)
```

trapz( )는 사다리꼴 규칙^{trapezoidal rule}을 사용해 주어진 축을 따라 적분한다.

```python
print(integrate.trapz([1, 2, 3, 4, 5]))
```

결과는 다음과 같다.

```
12.0
```

사다리꼴 규칙을 사용한 누적 적분의 예를 살펴보자.

```python
import matplotlib.pyplot as plt
x = np.linspace(-2, 2, num=30)
y = x
y_int = integrate.cumtrapz(y, x, initial=0)
plt.plot(x, y_int, 'ro', x, y[0] + 0.5 * x**2, 'b-')
plt.show()
```

결과는 다음과 같다.

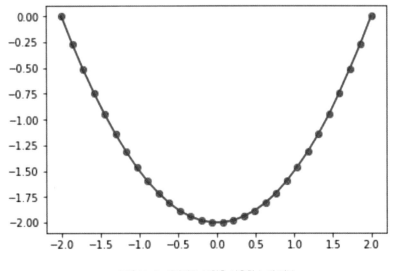

그림 11-1 사다리꼴 규칙을 사용한 누적 적분

보간

이 모듈은 보간을 위한 메서드를 포함한다. Matplotlib 그래프의 도움을 받아 몇 가지를 살펴보자. interp1d( )는 다음에 나타난 것처럼 1차원 보간에 사용된다.

```
from scipy import interpolate
x = np.arange(0, 15)
y = np.exp(x/3.0)
f = interpolate.interp1d(x, y)
xnew = np.arange(0, 14, 0.1)
ynew = f(xnew)
plt.plot(x, y, 'o', xnew, ynew, '-')
plt.show( )
```

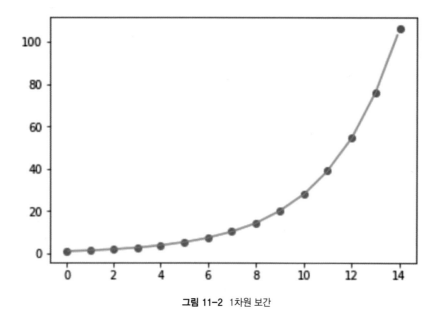

그림 11-2 1차원 보간

interp1d( )는 y=f(x) 형식의 함수 표현에 사용된다. 이와 유사하게 interp2d( )는 z=f(x, y) 형식의 함수 표현에 사용된다. 곧, 2차원 보간에 사용된다.

```
x = np.arange(-5.01, 5.01, 0.25)
y = np.arange(-5.01, 5.01, 0.25)
xx, yy = np.meshgrid(x, y)
z = np.sin(xx**3 + yy**3)
f = interpolate.interp2d(x, y, z, kind='cubic')
xnew = np.arange(-5.01, 5.01, 1e-2)
ynew = np.arange(-5.01, 5.01, 1e-2)
znew = f(xnew, ynew)
plt.plot(x, z[0, :], 'ro-', xnew, znew[0, :], 'b-')
plt.show( )
```

결과는 다음과 같다.

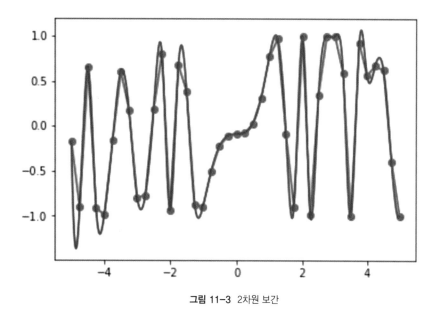

그림 11-3 2차원 보간

다음으로 splev( )와 splprep( )와 splrep( )를 살펴볼 것이다. splev( ) 메서드는 B-스플라인 곡선이나 그 파생 곡선을 평가하는 데 사용된다. B-스플라인 곡선을 표현하는 데 사용되는 splprep( ), splrep( )와 함께 splev( )를 사용할 것이다. splrep( )는 다음과 같이 1차원 곡선 표현에 이용된다.

```
from scipy.interpolate import splev, splrep
x = np.linspace(-10, 10, 50)
y = np.sinh(x)
spl = splrep(x, y)
x2 = np.linspace(-10, 10, 50)
y2 = splev(x2, spl)
plt.plot(x, y, 'o', x2, y2)
plt.show( )
```

결과는 다음과 같다.

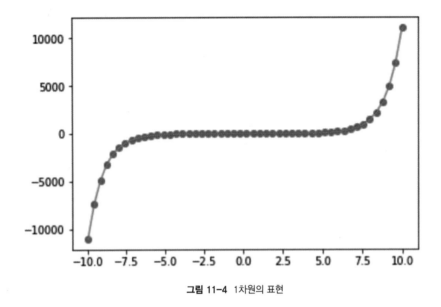

그림 11-4 1차원의 표현

splprep( )는 N차원 곡선의 표현에 사용된다.

```
from scipy.interpolate import splprep
theta = np.linspace(0, 2*np.pi, 80)
r = 0.5 + np.cosh(theta)
x = r * np.cos(theta)
y = r * np.sin(theta)
tck, u = splprep([x, y], s=0)
new_points = splev(u, tck)
plt.plot(x, y, 'ro')
plt.plot(new_points[0], new_points[1], 'r-')
plt.show( )
```

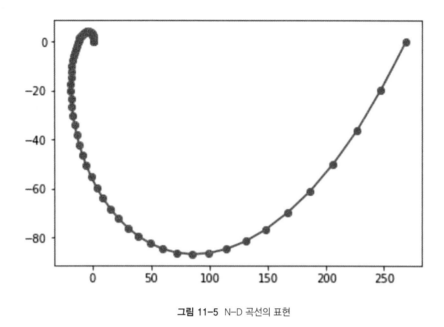

그림 11-5 N-D 곡선의 표현

▌ 결론

11장에서는 SciPy 라이브러리 모듈을 소개했다. 12, 13장에서는 신호와 영상 처리의 전문 과학 영역을 소개하는 데 집중할 것이다. 12장에서는 신호 처리의 영역에 관한 몇 가지 모듈을 알아본다.

12장

SciPy를 활용한
신호 처리

11장에서는 SciPy로 과학 연산을 수행하는 방법을 살펴봤다. SciPy 라이브러리의 몇 가지 모듈을 알 수 있었다. 12장에서는 중요한 과학 영역인 신호 처리와 SciPy.signal 모듈에 존재하는 메서드를 살펴볼 것이다. SciPy에서의 신호 처리로 시작해 보자. 12장에는 신호 처리 분야에서 몇 가지 기본 사항을 간략하게 보여줄 수 있는 기본 코드 예제가 포함돼 있다.

▌ 파형

파형 생성 함수로 시작해보자. chapter12라는 새로운 디렉터리를 ~/book/code 디렉터리 하부에 생성한다. 주피터 노트북 애플리케이션을 시작하기 위해 다음 명령 어를 실행한다.

```
jupyter notebook
```

노트북의 이름을 Chapter12_Practice로 변경한다. 11장과 마찬가지로 12장의 모든 코드를 동일한 노트북에서 실행한다. 우선 NumPy와 matplotlib을 임포트한다.

```
import numpy as np
import matplotlib.pyplot as plt
```

첫 번째 예는 톱니파sawtooth 발생기 함수다.

```
from scipy import signal
t = np.linspace(0, 2, 5000)
plt.plot(t, signal.sawtooth(2 * np.pi * 4 * t))
plt.show()
```

이 함수는 시간 간격과 신호 폭을 받아들여 삼각형이나 톱니형의 연속 신호를 생성 한다.

결과는 다음과 같다.

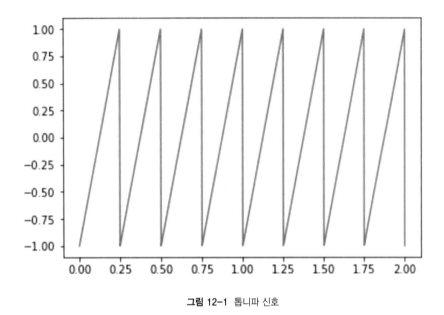

그림 12-1 톱니파 신호

시간 배열과 듀티 주기^{duty cycl}를 입력으로 받는 사각 파형 생성기를 살펴보자.

```
t = np.linspace(0, 1, 400)
plt.plot(t, signal.square(2 * np.pi * 4 * t))
plt.ylim(-2, 2)
plt.title('Square Wave')
plt.show()
```

결과는 다음과 같다.

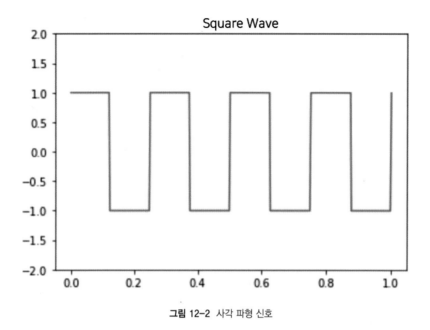

그림 12-2 사각 파형 신호

펄스 폭이 변조된$^{pulse\text{-}width\ modulated}$ 정현파는 다음과 같이 나타낼 수 있다.

```
sig = np.sin(2 * np.pi * t)
pwm = signal.square(2 * np.pi * 30 * t, duty=(sig +1)/2)
plt.subplot(2, 1, 1)
plt.plot(t, sig)
plt.title('Sine Wave')
plt.subplot(2, 1, 2)
plt.plot(t, pwm)
plt.title('PWM')
plt.ylim(-1.5, 1.5)
plt.show()
```

결과는 다음과 같다.

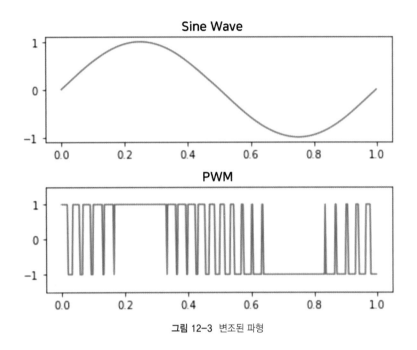

그림 12-3 변조된 파형

창 함수

창window 함수는 특정 간격 외부의 값이 0인 수학적인 함수다. 세 가지 다른 종류의 창 함수들을 볼 수 있을 것이다. 첫 번째는 해밍Hamming 창 함수다. 출력 창에 있는 점들을 모든 함수의 인수로 전달해야 한다.

```
window = signal.hamming(101)
plt.plot(window)
plt.title('Hamming Window Function')
plt.xlabel('Sample')
plt.ylabel('Amplitude')
plt.show()
```

결과는 다음과 같다.

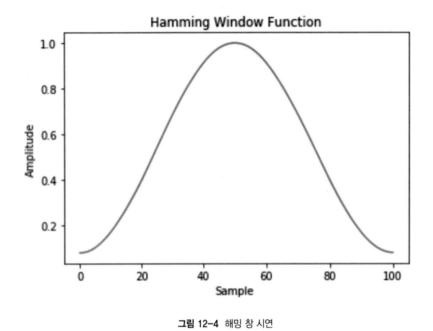

그림 12-4 해밍 창 시연

해밍 창 함수는 다음과 같다.

```
window = signal.hanning(101)
plt.plot(window)
plt.title('Hanning Window Function')
plt.xlabel('Sample')
plt.ylabel('Amplitude')
plt.show()
```

결과는 다음과 같다.

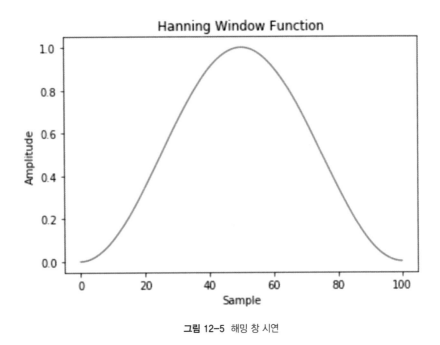

그림 12-5 해밍 창 시연

카이저^{Kaiser} 창 함수는 다음과 같다.

```
window = signal.kaiser(51, beta=20)
plt.plot(window)
plt.title('Kaiser Window Function Beta = 20')
plt.xlabel('Sample')
plt.ylabel('Amplitude')
plt.show()
```

결과는 다음과 같다.

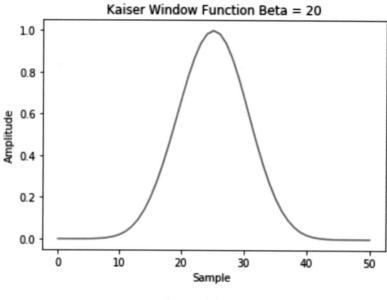

그림 12-6 카이저 창 함수

멕시코 모자 파형

다음과 같이 점의 수와 진폭을 파라미터로 전달함으로써 리커^{Ricker} 함수로 멕시코 모
자 파형^{Mexican hat wavelet}을 생성할 수 있다.

```
plt.plot(signal.ricker(200, 6.0))
plt.show()
```

멕시코 모자 파형은 연속 파형에서도 특별한 경우다. 멕시코 모자 파형은 스펙트럼
신호를 필터링하고 평균화하는 데 사용된다.

결과는 다음과 같다.

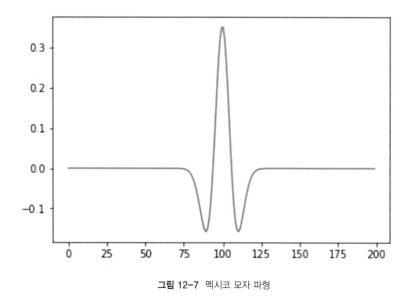

그림 12-7 멕시코 모자 파형

컨볼루션

다음과 같이 convolve( ) 메서드를 사용해 2개의 N차원 배열을 컨볼루션할 수 있다.

```
sig = np.repeat([0., 1., 0.], 100)
win = signal.hann(50)
filtered = signal.convolve(sig, win, mode='same') / sum(win)
plt.subplot(3, 1, 1)
plt.plot(sig)
plt.ylim(-0.2, 1.2)
plt.title('Original Pulse')
plt.subplot(3, 1, 2)
plt.plot(win)
plt.ylim(-0.2, 1.2)
plt.title('Filter Impulse Response')
plt.subplot(3, 1, 3)
```

```
plt.plot(filtered)
plt.ylim(-0.2, 1.2)
plt.title('Filtered Signal')
plt.show()
```

신호, 창 그리고 그 둘의 컨볼루션이 그림 12-8에 나타난다. 두 신호의 컨볼루션은 두 신호를 결합해 새로운 신호를 생성한다. 컨볼루션은 신호 처리 분야에서 매우 중요한 신호 결합이다. 신호가 영상이나 오디오 데이터를 표현한다면, 컨볼루션의 정도에 기반을 두고 영상이나 오디오 신호를 획득할 수 있다. 아직 눈치 채지 못했다면 NumPy의 repeat() 메서드를 사용한다. 이 메서드는 반복 패턴과 횟수를 인수로 취한다. 이 예에서는 신호를 300개의 샘플 크기로 생성한다.

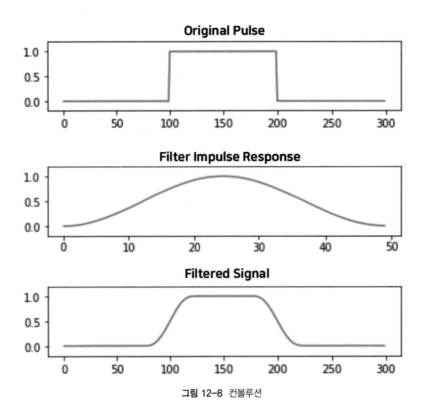

그림 12-8 컨볼루션

▌ 결론

12장에서는 SciPy의 scipy.signal 모듈에서 몇 가지 중요한 메서드의 클래스를 소개했다. 13장에서는 영상 처리의 영역을 살펴볼 것이다.

13장

SciPy를
활용한 처리

12장에서는 SciPy를 활용한 신호 처리와 Scipy.signal로 통합된 SciPy가 제공하는 함수의 주요 클래스에 대해 알아봤다. 13장에서는 SciPy 패키지인 scipy.misc와 영상 처리를 위한 scipy.misc의 몇 가지 용례를 살펴볼 것이다.

▌ 첫 번째 영상 처리 프로그램

scipy.misc 모듈은 기초 영상 처리 연산을 하기 위해 사용된다. 지금부터 사용할 모든 샘플 이미지를 저장할 Dataset이라는 디렉터리를 생성한다.

```
cd ~/book
mkdir Dataset
```

샘플 영상 처리는 온라인 Apress에서 이 책의 **Downloads** 섹션에 존재한다. 이 책의
코드를 실행하기 위해 chapter13이라는 디렉터리를 생성한다.

```
cd ~/book/code
mkdir chapter13
cd chapter13
```

이미지를 읽고 출력하는 기본 예제를 살펴보자.

예제 13-1 prog01.py

```
from scipy import misc
img = misc.imread('/home/pi/book/Dataset/4.2.01.tiff')
misc.imshow(img)
```

코드는 imread( )에 입력된 경로에서 이미지를 읽고, imshow( ) 메서드는 xlib을 사용
해 그 이미지를 출력한다.

scipy.misc는 세 가지 종류의 내장 이미지를 포함하며, 다음과 같이 활용될 수 있다.

예제 13-2 prog02.py

```
from scipy import misc

img1 = misc.face()
#img2 = misc.lena()
img3 = misc.ascent()

misc.imshow(img1)
```

```
#misc.imshow(img2)
misc.imshow(img3)
```

face( )는 너구리 얼굴, lena( )는 표준 테스트 이미지, ascent( )는 그레이스케일 이미지다.[9]

▌간단한 영상 처리

scipy.misc는 간단한 연상을 위한 세 가지 종류의 메서드를 포함한다. scipy.imfilter( )는 이미지에 다양한 필터를 적용한다. 다음은 그 예시다.

예제 13-3 prog03.py

```
from scipy import misc
misc.imshow(misc.imfilter(misc.face( ), 'edge_enhance_more'))
```

위 코드에서는 이미지를 저장하기 위한 중간 변수를 사용하지 않았다. imshow( ) 메서드에 직접 이미지를 전달함으로써 출력하고 있다. 메서드 imfilter( )는 두 가지 종류의 인자를 받아들인다.

- 첫 번째는 필터된 이미지다.
- 두 번째는 사전 정의된 필터 타입이다.

사전 정의된 필터의 타입은 다음과 같다. 'blur', 'contour', 'detail', 'edge_enhance', 'edge_enhance_more', 'emboss', 'find_edges', 'smooth', 'smooth_more', 'sharpen' 이미지는 다음과 같이 50%로 축소될 수 있다(예제 13-4).

---

9 lena()는 더 이상 내장 이미지에 포함되지 않기 때문에 주석으로 처리함. – 옮긴이

```
from scipy import misc
misc.imshow(misc.imresize(misc.face(), 50))
```

또한 특정 각도로 이미지를 회전시킬 수 있다(예제 13-5).

```
from scipy import misc
misc.imshow(misc.imrotate(misc.face(), 45))
```

▌ 영상 처리를 위한 NumPy 소개

NumPy 라이브러리를 사용해 영상 처리하기 위한 기초를 살펴보자.

```
from scipy import misc

img = misc.face()

print(type(img))
```

프로그램 결과는 다음과 같다.

```
<class 'numpy.ndarray'>
```

이는 이미지의 데이터 타입이 NumPy에서 ndarray라는 것을 의미한다. 이미지의 중요한 속성을 이해하는 데 도움을 줄 ndarray의 몇 가지 중요한 속성을 살펴볼 필요가 있다.

예제 13-7 prog07.py

```
from scipy import misc

img = misc.face()

print(img.dtype)
print(img.shape)
print(img.ndim)
print(img.size)
```

결과는 다음과 같다.

```
uint8
(768, 1024, 3)
3
2359296
```

이 결과들을 하나씩 이해해보자.

- dtype 속성은 이미지를 나타내는 요소의 데이터 타입이다. 이 경우에는 uint8(unsigned 8비트 integer의 의미)에 해당한다. 이는 이미지가 256개로 구분되는 값을 가진다는 것을 의미한다.
- shape는 이미지의 크기, 차원을 의미한다. 이 경우는 컬러 이미지다. 이미지의 해상도(분해능)는 1024x768이며, 빨간색, 녹색, 파란색의 컬러 채널^{channel}을 포함한다. 픽셀에 대한 3 채널은 각각 256개의 구분되는 값 중의 하나를 가진다. 따라서 세 채널의 조합 결과, 픽셀당 $256*256*256$ 종류의 고유

한 색상을 생성할 수 있다. 컬러 이미지는 3개 채널[10]을 가진 2차원 평면의 배열로 시각화할 수 있다. 그레이스케일 이미지는 그레이스케일 값의 2차원 평면이다.

- ndim은 차원을 표현한다. 컬러 이미지는 3차원, 그레이 이미지는 2차원[11]이다.

- size는 배열의 총 개수를 의미한다. 이는 배열 차원의 곱으로 표현된다. 이 경우 $1024 * 768 * 3 = 2359296$이다.

예제 13-8 prog08.py

```python
from scipy import misc

img = misc.face()

print(img[10, 10]))
```

위 코드에서는 (10,10)에 위치하는 픽셀의 값을 받았다. 그 결과는 [172 169 188] 이다.[12]

이상이 영상 처리를 위한 NumPy의 기초다. NumPy는 13장 전체에 걸쳐 필요할 때 좀 더 살펴볼 것이다.

▌영상 처리를 위한 Matplotlib

이미지를 출력하기 위해 misc.imshow() 메서드를 사용했다. 간단한 애플리케이션에

---

10 3차원 컬러를 의미 – 옮긴이
11 예를 들어, 컬러 이미지는 1024x768x3(3차원), 그레이 이미지는 1024x768(2차원) – 옮긴이
12 이 결과는 각각 빨간색, 녹색, 파란색의 컬러 값을 의미한다 – 옮긴이

서는 misc.imshow( ) 메서드가 유용한 반면, 원시적^{primitive}이다. 과학 애플리케이션을 위해서는 고급 프레임워크를 좀 더 사용할 필요가 있다. matplotlib이 이 목적에 부합하는 라이브러리다. matplotlib은 MATLAB 스타일의 플로팅^{plotting}과 데이터 시각화를 위한 파이썬 라이브러리다. 12장에서 SciPy 스택을 설치하는 동안 이미 matplotlib를 설치하고 사용해봤다. 13장과 14장에서는 이미지 출력에 matplotlib을 사용할 것이다. matplotlib은 SciPy 스택에 통합된 일부분이다. NumPy와 마찬가지로 matplotlib 역시, 책 한 권의 분량에 해당할 만큼 광범위한 주제다. 이 책에서는 영상 처리를 위해 matplotlib의 pyplot 모듈만을 사용할 것이다. 영상 처리를 위한 간단한 프로그램을 살펴보자.

예제 13-9 prog09.py

```
import scipy.misc as misc
import matplotlib.pyplot as plt

img = misc.face( )

plt.imshow(img)
plt.show( )
```

위 코드에서는 pyplot 모듈을 임포트했다. imshow( ) 메서드가 이미지를 plot 윈도우에 추가하는 데 사용됐다. show( ) 메서드는 플로팅 윈도우다.

결과는 다음과 같다.

그림 13-1 pyplot의 imshow() 컬러 시연

축(또는 눈금자) 표시를 끄고, 다음과 같이 이미지에 제목을 추가할 수 있다(예제 13-10).

예제 13-10 prog10.py

```
import scipy.misc as misc
import matplotlib.pyplot as plt

img = misc.face()

plt.imshow(img, cmap='gray')
plt.axis('off')
```

```
plt.title('face')
plt.show()
```

그레이 스케일 이미지로써 이미지의 컬러 공간^{color space}이 플로팅 윈도우에 적절히 출력되도록 imshow( ) 메서드에서 그레이 컬러 맵^{color map}을 선택해야 한다. axis('off')는 축 표시를 끄기 위해, title( ) 메서드는 이미지 제목을 표시하기 위해 이용된다.

출력은 다음과 같다.

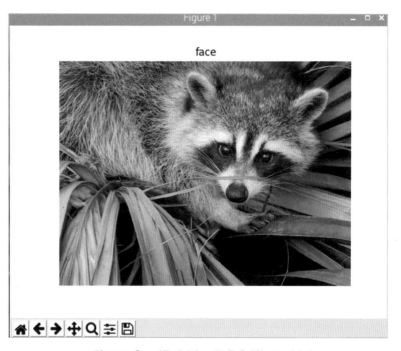

그림 13-2 축 표시를 제거하고 제목을 추가한 face 이미지

또한 플로팅 윈도우의 이미지 그리드에 여러 이미지를 추가하기 위해 imshow()를 사용할 수 있다.

```
import scipy.misc as misc
import matplotlib.pyplot as plt

img1 = misc.face()
img2 = misc.ascent()
img3 = misc.ascent()

titles = ['face', 'ascent', 'ascent_gray']
images = [img1, img2, img3]

plt.subplot(1, 3, 1)
plt.imshow(images[0])
plt.axis('off')
plt.title(titles[0])

plt.subplot(1, 3, 2)
plt.imshow(images[1])
plt.axis('off')
plt.title(titles[1])

plt.subplot(1, 3, 3)
plt.imshow(images[2], cmap='gray')
plt.axis('off')
plt.title(titles[2])

plt.show()
```

imshow()를 사용하기 전에 subplot() 메서드를 사용했다. subplot() 메서드의 처음 두 인자는 그리드의 차원을 명시하고 세 번째 인자는 그리드에서 이미지의 위치를 나타낸다. 그리드에서 이미지의 위치 번호는 좌측 상단에서부터 시작한다.

결과는 다음과 같다.

face

ascent

ascent_gray

그림 13-3 멀티 이미지 그리드

▌ 이미지 채널

멀티 채널 이미지의 컬러 채널을 분리할 수 있다. 코드는 다음과 같다.

예제 13-12 Prog12.py

```
import scipy.misc as misc
import matplotlib.pyplot as plt

img = misc.face()

r = img[:, :, 0]
g = img[:, :, 1]
b = img[:, :, 2]

titles = ['face', 'Red', 'Green', 'Blue']
images = [img, r, g, b]

plt.subplot(2, 2, 1)
plt.imshow(images[0])
plt.axis('off')
```

```
plt.title(titles[0])

plt.subplot(2, 2, 2)
plt.imshow(images[1], cmap='gray')
plt.axis('off')
plt.title(titles[1])

plt.subplot(2, 2, 3)
plt.imshow(images[2], cmap='gray')
plt.axis('off')
plt.title(titles[2])

plt.subplot(2, 2, 4)
plt.imshow(images[3], cmap='gray')
plt.axis('off')
plt.title(titles[3])

plt.show()
```

결과는 다음과 같다.

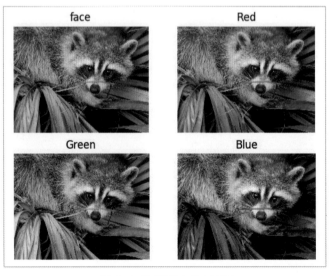

그림 13-4 분리된 컬러 이미지 채널

다음과 같이 원래 이미지로 복원하거나 모든 채널을 합치기^{merge} 위해 np.dstack() 메서드를 사용할 수 있다.

예제 13-13 prog13.py

```python
import scipy.misc as misc
import matplotlib.pyplot as plt
import numpy as np

img = misc.face()

r = img[:, :, 0]
g = img[:, :, 1]
b = img[:, :, 2]

output = np.dstack((r, g, b))

plt.imshow(output)
plt.axis('off')
plt.title('Combined')
plt.show()
```

위 코드를 실행하고, np.dstack()의 작업 결과를 확인해보라.

 Note

라즈베리 파이를 활용한 영상 처리에 관한 책은 www.apress.com/us/book/978 1484227305에서 구매할 수 있다.

▍ 결론

13장에서는 SciPy를 활용한 영상 처리를 소개했다. NumPy ndarray를 활용해 어떻게 이미지를 표현하는지 알아봤고, scipy.misc 패키지로 이미지에 관한 몇 가지 기본 연산을 수행했다. 14장에서는 maptplotlib으로 데이터를 표현하는 방법과 데이터를 처리하는 방법을 알아본다.

14장

Matplotlib

13장에서는 SciPy로 디지털 영상 처리를 살펴봤다. 디지털 영상을 처리하기 위해 scipy.misc에 통합된 SciPy가 제공하는 기능의 몇 가지 주요 클래스를 배웠다. 14장에서는 matplotlib을 활용해 그 밖의 영상 처리 기법과 데이터 표현 기법을 알아본다. 이미 13장에서 이미지의 플롯과 출력하기 위해 matplotlib을 사용했다. 13장에서 언급했던 것처럼 matplolib은 MATLAB 스타일의 데이터 시각화 라이브러리다. 데이터 처리와 마이닝은 광범위한 주제로 이 책의 범위를 벗어난다. 하지만 간편한 데이터 소스로써 이미지를 사용해 matplotlib의 일부 데이터 처리 기능을 시연할 수 있다. matplotlib의 데이터 처리 기능을 살펴보자.

이미지 읽기

코드 샘플에 대한 chapter14 디렉터리를 생성한다. 다음 코드는 이미지를 읽고 표시하는 방법을 보여준다.

예제 14-1 prog01.py

```
import matplotlib.pyplot as plt
import matplotlib.image as mpimg
import numpy as np
img = mpimg.imread('/home/pi/book/Dataset/Sample01.jpg')
plt.imshow(img)
plt.show()
```

결과는 다음과 같다.

그림 14-1 이미지 읽기와 출력

▌컬러 맵

컬러 맵은 컬러를 데이터 세트에 적용하는 데 사용된다. 그레이스케일 이미지는 기본 컬러 맵에 자동으로 적용된다. 이미지를 위한 컬러 맵을 설정할 수도 있다. 그레이스케일의 이미지의 적절한 출력하기 위해 13장에서 했던 것처럼 그레이 값으로 컬러 맵을 설정할 필요가 있다. 다음 코드에서는 기본 컬러 맵으로 이미지의 채널 중하나를 출력하고 있다. 그런 다음, 그 밖의 컬러 맵을 채널에 적용할 것이다.

예제 14-2 prog02.py

```python
import matplotlib.pyplot as plt
import matplotlib.image as mpimg
import numpy as np

img = mpimg.imread('/home/pi/book/Dataset/4.2.01.tiff')
img_ch = img[:, :, 0]

plt.subplot(1, 2, 1)
plt.imshow(img_ch)
plt.title('Default Colormap')
plt.xticks([]), plt.yticks([])

plt.subplot(1, 2, 2)
plt.imshow(img_ch, cmap='hot')
plt.title('Hot Colormap')
plt.xticks([]), plt.yticks([])

plt.show()
```

결과는 다음과 같다.

Default Colormap

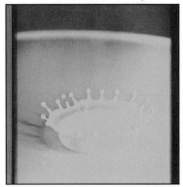

Hot Colormap

그림 14-2 컬러 맵

▌ 컬러 바

사용자가 이미지의 상대적인 명도^{intensity}값을 알 수 있도록 컬러 바^{colorbar}를 출력할 수 있다. 다음 코드는 컬러 바의 시연이다.

예제 14-3 prog03.py
———

```python
import matplotlib.pyplot as plt
import matplotlib.image as mpimg
import numpy as np

img = mpimg.imread('/home/pi/book/Dataset/4.2.01.tiff')
img_ch = img[:, :, 0]

plt.imshow(img_ch, cmap='nipy_spectral')
plt.title('Colorbar Demo')
plt.colorbar()
```

```
plt.xticks([]), plt.yticks([])

plt.show( )
```

출력은 다음과 같다.

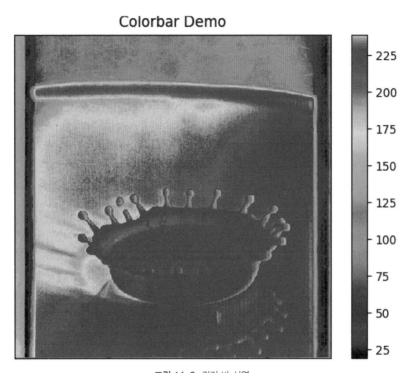

그림 14-3 컬러 바 시연

▌영상 처리를 위한 matplotlib

히스토그램은 통계적 빈도의 시각 표현이다. 데이터 세트에서 모든 값에 대한 발생 횟

수의 그래프다. 단일 채널이나 그레이스케일 이미지의 플로팅하기 위해 matplotlib에서 plt.hist( ) 메서드를 사용할 수 있다. 다음은 그 예시다.

예제 14-4 prog04.py

```
import matplotlib.pyplot as plt
import matplotlib.image as mpimg
import numpy as np

img = mpimg.imread('/home/pi/book/Dataset/Sample03.jpg')
img_ch = img[:, :, 0]

plt.hist(img_ch.ravel(), 256, [0, 256])
plt.title('Histogram Demo')
plt.xticks([]), plt.yticks([])

plt.show()
```

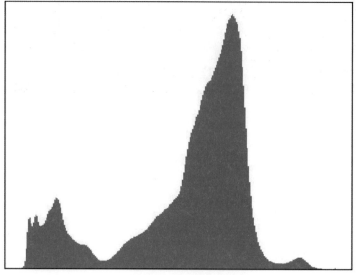

그림 14-4 히스토그램 시연

▌보간 메서드

plt.imshow( )에는 많은 보간 형태가 존재한다. 보간 형태는 어떻게 이미지가 출력될지를 결정한다. 어떻게 보간이 이뤄지는지 이해하는 최적의 방법은 그레이디언트 이미지gradient image에 해당 보간 방법을 사용하는 것이다. 다음 코드는 이 방법을 잘 시연한 예제다.

예제 14-5 prog05.py

```python
import matplotlib.pyplot as plt
import numpy as np
methods = [None, 'none', 'nearest', 'bilinear', 'bicubic', 'spline16',
           'spline36', 'hanning', 'hamming', 'hermite', 'kaiser', 'quadric',
           'catrom', 'gaussian', 'bessel', 'mitchell', 'sinc', 'lanczos']

grid = np.arange(16).reshape(4, 4)

fig, axes = plt.subplots(3, 6, figsize=(12, 6),
subplot_kw={'xticks': [], 'yticks': []})

fig.subplots_adjust(hspace=0.3, wspace=0.05)

for ax, interp_method in zip(axes.flat, methods):
    ax.imshow(grid, interpolation=interp_method)
    ax.set_title(interp_method)

plt.show()
```

결과는 다음과 같다.

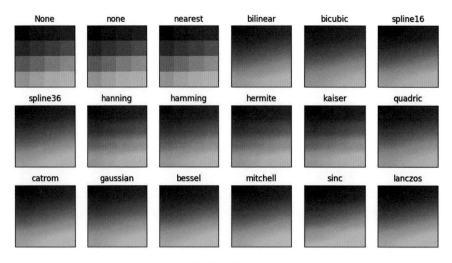

그림 14-5 보간 시연

▍ 결론

14장에서는 matplotlib으로 데이터를 표현하는 방법과 컬러 맵, 컬러 바, 히스토그램, 보간의 개념에 대해 알아봤다. 이런 방식으로 matplotlib을 사용하면 데이터, 이미지, 신호를 표현할 수 있다.

찾아보기

에이콘출판의 기틀을 마련하신 故 정완재 선생님 (1935-2004)

라즈베리 파이와 슈퍼컴퓨팅

병렬 처리 시스템 구축 및 과학 프로그래밍 가이드북

발 행 | 2018년 9월 28일

지은이 | 애쉬윈 파얀카
옮긴이 | 배 진 호

펴낸이 | 권 성 준
편집장 | 황 영 주
편 집 | 이 지 은
디자인 | 박 주 란

에이콘출판주식회사
서울특별시 양천구 국회대로 287 (목동)
전화 02-2653-7600, 팩스 02-2653-0433
www.acornpub.co.kr / editor@acornpub.co.kr

한국어판 ⓒ 에이콘출판주식회사, 2018, Printed in Korea.
ISBN 979-11-6175-209-9
ISBN 978-89-6077-566-4(세트)
http://www.acornpub.co.kr/book/raspberrypi-super-computing

이 도서의 국립중앙도서관 출판시도서목록(CIP)은 서지정보유통지원시스템 홈페이지(http://seoji.nl.go.kr)와
국가자료공동목록시스템(http://www.nl.go.kr/kolisnet)에서 이용하실 수 있습니다.(CIP제어번호: CIP2018030379)

책값은 뒤표지에 있습니다.